SIX DISPUTATIONES

ET

UN FRAGMENT D'UNE REPETITIO ORLÉANAISES

PUBLIÉS

PAR

Jean ACHER

Extrait des *Mélanges Filling*

MONTPELLIER

SOCIÉTÉ ANONYME DE L'IMPRIMERIE GÉNÉRALE DU MIDI

1908

SIX DISPUTATIONES

ET

UN FRAGMENT D'UNE REPETITIO ORLÉANAISES

Par Jean ACHER

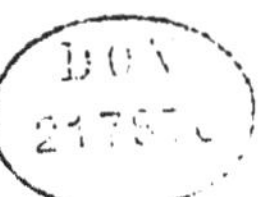

Sources manuscrites : Bibl. Nationale, fonds latin mss. 4451, 4461, **4488**, 4489, 4546, 14350.— Signes conventionnels : B. N. = Bibliothèque Nationale. — Ms. V = B. N. ms. latin 14350.

Juristen böse Christen.

Le ms. B. N. lat. 4488 n'est pas inconnu des historiens du droit savant. Savigny l'avait signalé et utilisé dans sa *Geschichte des römischen Rechts im Mittelalter* sans cependant s'apercevoir de sa haute importance pour l'histoire du droit savant français. Le temps relativement court que Savigny passa à Paris, la nécessité de consulter d'innombrables manuscrits pendant son séjour dans la capitale, et peut-être aussi le peu de sympathie que lui inspiraient les postglossateurs en général et les postglossateurs français en particulier, l'empêchèrent d'étudier en détail ce recueil. D'une longue notice que je compte consacrer à ce manuscrit, je détache ici quelques pages donnant le texte de six *disputationes* et j'y joins une *repetitio* incomplète due au principal orateur des *disputationes*, Hermannus de Blistam.

Mon choix a été guidé par deux considérations. D'une part, j'ai voulu mettre à la disposition de ceux qu'intéresse l'histoire de l'enseignement juridique des textes projetant quelque lumière sur la question si mal connue des *disputationes* orales (1), et, d'autre part, il m'a semblé que l'étude de ces documents aboutissait à des conclusions assez générales pour n'être pas vue avec défaveur de ceux qui, sans s'intéresser plus particulièrement à l'histoire de l'enseignement, ne méconnaissent cependant pas l'importance du phénomène de

(1) Depuis Savigny se sont occupés de *disputationes* : E. Caillemer, *Les disputationes dans les écoles de droit aux XIIIe et XIVe siècles* dans *Mémoires de l'Académie de Caen* 1879, p. 421 sqq. (Je dois la connaissance de cette notice à une obligeante communication de M. Fitting); Landsberg. *Die Quaestiones des Azo* 1888 (préface) ; Fitting, *Questions de droit disputées à Angers et à Paris* dans *Nouv. rev. histor.* 1905, p. 709 sqq.; cf. Thurot, *De l'organisation de l'enseignement dans l'Université de Paris* 1850, p. 87-90. — Je regrette de ne pas avoir trouvé dans les bibliothèques parisiennes l'ouvrage de M. Rivalta, *Le Questione di Ugolino glossatore*, qui contient sans doute une préface. — Je ne mentionne pas ici les traités généraux (Denifle, etc.) qui sont connus de tous les historiens.

1

pénétration du droit savant dans le droit populaire de la France médiévale.

Je ne saurais donner ici, sans excéder la place dont je dispose, la description du ms. 4488. Quelques renseignements sont pourtant indispensables. Les *disputationes* et le fragment de la *repetitio* sont écrits à deux colonnes par le même copiste de la fin du XIVe ou du début du XVe siècles. Le texte est sans alinéas ni rubriques. La seule division qu'on y rencontre est celle en paragraphes marqués par le signe habituel (sorte de D renversé), tracé tantôt à l'encre rouge tantôt à l'encre bleue. Des mentions marginales d'une écriture contemporaine à celle du texte suppléent, très maladroitement toutefois, au manque de rubriques. La *repetitio* occupait primitivement le milieu du cahier de six feuilles doubles portant la signature *bb*. La feuille du milieu et le feuillet droit de la cinquième feuille ont été arrachées — trois lambeaux en témoignent — de sorte que nous ne possédons que la fin de la *repetitio* occupant les foll. 215 r°, col. 1 — fol. 216 r°, col. 1. Les *disputationes* occupent les foll. 186 v°, col. 2 — 196 v°, col. 1. Le début de ce texte (foll. 186-189) forme la fin du cahier de six feuilles doubles signé *s*. Le fol. 190 (sign. *t*) est cousu seul. Les foll. 191, 192, 193 (sign. *u. x, y*) représentent chacun le premier feuillet d'une feuille pliée en deux et dont le deuxième feuillet fut arraché après avoir été couvert d'écriture. Il ne résulte toutefois de cette mutilation aucune lacune dans le texte (2). Les foll. 194-196 forment le début du duernion portant la signature *z*.

Les juristes, pour la plupart inconnus (3), dont on rencontre les noms dans ces textes sont les suivants (4) :

(2) L'écriture de ces lambeaux est de la même main que celle de nos textes. Autant qu'on peut s'en rendre compte, les feuillets arrachés contenaient des commentaires de droit. Je suppose que le copiste du ms. 4488 a voulu utiliser les feuillets blancs d'un cahier partiellement rempli et ne présentant pas d'utilité.

(3) J'avoue avoir borné mes recherches aux principaux répertoires de noms (Fournier, Ul. Chevallier). J'estime que les recherches biographiques n'ont pas l'importance capitale que leur attribue M. J. Tardif, *Un chapitre de l'histoire du dr. canon, etc.* (cet ouvrage ne se trouvant ni à la Bibliothèque de l'Ecole de Droit de Paris ni à la Bibliothèque Nationale, je ne le connais que par le résumé paru dans la *Nouv. rev. hist.* 1890, p. 163). Dans la plupart des cas, il suffit à l'historien du droit de connaitre l'époque à laquelle appartient un jurisconsulte, et il me semble que le temps passé à de minutieuses recherches biographiques pourrait être employé plus fructueusement à l'étude des doctrines.

(4) Les citations des gloses ordinaires sur les deux droits ne figurent pas dans cette

dominus Andreas Porchert (5) (qu. IV)

dominus Dominicus (6) (qu. V)

magister Guido de Caritate (7) (qu. III; rep.)

(dominus Henricus de Lingonis) voy. *infra* Jo. de Canpognio⁽ⁱˢ⁾

dominus Hermannus de Blistam Teutonicus (8) (qu. I, II, V, VI; rep.)

dominus Ja. de Ra. *alias* Ja. = Jacques de Révigny (9) (qu. II, rep.)

dominus Jo. de Canpognio⁽ⁱˢ⁾ *alias* do Canpog'. nouus professor incipiens sub domino Henrico de Lingonis (10) (qu. III)

dominus Jo. de Sagneio *alias* de Samgneio (11) (qu. III)

dominus Jo. *alias* P. Rizole (12) (qu. VI)

dominus Petrus Deroicus (qu. I).

A défaut d'autres indications, ces noms auraient suffi à prouver l'origine française de nos textes. Nous n'en sommes cependant pas réduits à ce témoignage ; les textes permettent une localisation plus

liste. On cite encore qu. IV *in fine* une *sabatina « et consuetudo »* qui ne figure ni dans les *sabbatine* de Roffredus (éd. Avignon 1500) ni dans celles d'Azo (éd. Landsberg).

(5) Il ne faut pas l'identifier avec le *dominus Andreas dictus Potheron, legum professor, canonicus Attrabatensis* (= Arras) figurant dans un document du 28 janvier 1304 conservé dans le *Cartulaire de Notre-Dame de Paris,* éd. Guérard, tome III, p. 191, n° 247. J'ai eu tort de faire cette identification dans une lettre à M. Meynial, citée par lui dans les *Mélanges Chabaneau,* p. 563, note 2.

(6) *Alias,* au génitif, *v* (! = corruption de l'abréviation *domini ??*) *dominici.*

(7) Gui de la Charité, élu évêque de Soissons le 25 décembre 1296, mort le 8 juillet 1313 (Gams). Cf. l'intéressante notice *Gallia christ.* IX, p. 371 et s. — Dans la qu. III il ne porte pas le titre *magister.*

(8) La nationalité n'est indiquée que dans la *repetitio.*

(9) Le copiste écrit une fois (qu. II) son nom, par mégarde, *Jo.* — L'interprétation du sigle *Ja.* dans la *repetitio* est rendue certaine par la concordance avec le fragment de Jacques de Révigny, publié à la fin de cette introduction.

(10) Langres.

(11) *Sagneio* et *Samgneio* sont des fautes d'ortographe; d'après l'orthographe suivie dans le ms. 4488 ce nom aurait dû être écrit *Sangneio.* La désinence *-cium* est une retraduction de la forme vulgaire de la désinence *-iacum.* La forme française de ce nom devait être suivant les régions : *Sagné, Sagnei, Sagnieu, Sagni.* Le *Dictionnaire des Postes* n'indique aucune localité de ce nom. Il est possible cependant que le mot *Samgneio* doive être lu *Sauigneio,* dont la forme *Sagneio* ne serait alors qu'une corruption. Dans ce cas, ce jurisconsulte serait originaire d'un des nombreux lieux dont le nom remonte à la forme latine *Sabiniacum.*

(12) La confusion entre les sigles *Jo.* et *P.* n'est pas rare dans les ms.

précise. Et tout d'abord la *repetitio* contient une phrase française, ce qui autorise à exclure l'origine méridionale (pays de la langue d'oc) du texte. Une allusion à un procès ayant eu lieu à Meaux (qu. III), les mentions des villes de Paris et de Chartres (qu. IV) circonscrivent les recherches sur les trois villes universitaires voisines de Paris, Orléans et Angers. L'origine parisienne de nos textes est exclue par leur date (v. *infra*). Il est peu probable qu'un enseignement privé de droit civil — le seul possible à Paris sous le régime de la bulle *Super specula* — ait groupé autour de lui neuf légistes, dont un étranger et un autre le célèbre maître Jacques de Révigny. D'Orléans et d'Angers, la situation géographique militerait déjà en faveur de la première ville. D'autres circonstances rendent cette localisation à peu près certaine. En effet, nous savons, par ailleurs, que Jacques de Révigny fut professeur de la nation allemande à Orléans (13), et si son professorat à Toulouse est douteux, aucun témoignage et aucune tradition ne le font enseigner à Angers.

La date de nos textes aurait pu être déterminée avec assez de précision, s'il avait été possible de trouver celle de l'arrêt du Parlement cité, dans la qu. VI, comme ayant été rendu « l'autre jour », *pridie*. Malheureusement les recherches faites en vue de retrouver cet arrêt sont demeurées vaines. On peut toutefois déterminer avec sécurité l'époque où se placent les *disputationes* et la *repetitio*. Les citations des gloses ordinaires sur le *Corpus iuris civilis* et les Décrétales d'une part, les dates fournies par les biographies de Jacques de Révigny et de Guy de la Charité de l'autre, nous permettent de placer nos textes dans la seconde moitié du XIIIe siècle. Quant à la chronologie respective de chaque texte, il semble bien que la *repetitio* où Guy de la Charité est cité en termes suivants : *magister Guido de Caritate qui tunc erat baccalarius* soit postérieure à la qu. III où ce jurisconsulte ne porte aucun titre. L'une et l'autre sont antérieures à 1296, date de l'élection de Guy de la Charité à l'évêché de Soissons. La qu. II est antérieure à 1290, date de l'élection de Jacques de Révigny à la même dignité à Verdun. Les qu. IV et V semblent avoir été disputées la même année qu'un bourdon du copiste ne permet pas de déterminer (14).

(13) Statuts de la Nation Allemande à l'Université d'Orléans, II, § 2, pub. p. M. Fournier dans *Nouv. rev. hist.* 1888, p. 491.

(14) Voy. *infra* texte et note 15.

Disputationes (Fol. 186 v°, col. 2 — Fol. 196 v°, col. 1). — Avant d'aborder l'examen des *questiones* publiées plus loin, il importe de faire remarquer que dans chacune d'elles interviennent deux jurisconsultes au moins. Ce sont Petrus Deroicus et Hermannus de Blistam dans la qu. I., Jacques de Révigny et le même Hermannus dans la qu. II., Jo. de Canpognonis, Jo. de Sangneio et Guy de la Charité dans la qu. III., Dominicus et Hermannus de Blistam dans la qu. V., Jo. Rizole *alias* P. Rizole et Hermannus de Blistam dans la qu. VI., Si la qu. IV ne nomme expressément qu'André Porchert, sa structure, pareille à celle des autres *disputationes*, n'en démontre pas moins que la discussion qui suit la mention *hec sunt argumenta Andree Porchert* émane d'un autre personnage que celui-ci. Il est très probable que le nom de ce deuxième jurisconsulte était révélé dans une note finale portant : *Determinatio domini...* que le copiste du ms. 4488 aurait, par distraction, omis de transcrire. En effet, la souscription de la *questio* suivante (V) porte : *Determinatio domini Hermanni de Blistam,in principio domini Dominici.Anno quo supra die sabbati post assumptionem beate Marie Uirginis.*Aucune des *questiones* précédentes n'étant datée, ce renvoi s'explique le mieux par l'hypothèse d'une souscription datée de la qu. IV qui n'aurait pas été transcrite (15).

Chaque *questio* débute par l'indication du thème de la discussion. Le texte de nos *reportationes* ne permet pas de résoudre la question de savoir qui posa le sujet de chaque *disputatio* : un des orateurs ayant pris part au débat ou bien une tierce personne. Le sujet de chaque *questio* est une espèce concrète. La qu. I roule sur l'interprétation des statuts d'une église (16), la qu. IV prévoit un conflit de deux coutumes réglant diversement l'effet de la minorité sur la comparution en justice. La qu. II pose la question de savoir de qui est justiciable un chevalier ayant reçu *omnem iurisdictionem cuiusdam uille* d'un seigneur justicier qui n'avait, au-dessus de lui, aucun justicier supérieur. La qu. III emprunte son sujet à un procès que le

---

(15) Il se peut cependant que l'*exemplar* du copiste du ms. 4488 contenait d'autres *disputationes* qui n'auraient pas été transcrites.

(16) Sur la « saignée canonique » dont il est question dans ce texte, voy. Ducange-Henschel, v° minuere, t. IV, p. 424, col. 1. — Sur les *lucra absentium* voy. une disposition dans *Cartulaire de Notre-Dame de Paris*, éd. Guérard, t. III. p. 444, n° 168. Cf. *eod.* t. I, p. 408, n° 39.

texte affirme avoir eu lieu réellement à Meaux et qui a trait à un choix de lieu de sépulture fait par acte entre vifs d'abord et commis ensuite, par acte de dernière volonté, aux exécuteurs testamentaires. La qu. V. traite une de ces nombreuses difficultés qui se posaient, au moyen-âge, à propos des moulins. La qu. VI enfin prévoit un cas délicat de retrait lignager.

Après l'indication du thème, nous voyons, dans chaque *disputatio*, un premier jurisconsulte soutenir le pour et le contre de la question. Sauf dans les qu. I et V, cette argumentation *pro* et *contra* est précédée d'un exposé généralement fort bref (*secus* qu. VI), où l'on précise le point à discuter, soit en indiquant le *dubium questionis*, soit en déterminant avec netteté toutes les circonstances de fait que la *questio* suppose pour présenter un thème convenable, c'est-à-dire pour être douteuse. Cette première argumentation *pro* et *contra* n'est suivie nulle part de solution, et il est même difficile de dire à laquelle des deux opinions émises se rattache l'orateur. En faveur de chaque opinion on n'invoque qu'un argument unique, et l'argument *contra* ne vise pas directement l'argument *pro*. Sur ce dernier point toutefois, la qu. V présente une exception : l'argumentation *contra* y contient la réfutation de l'argument invoqué *pro*.

Cette première argumentation, dépourvue de solution, est suivie d'une deuxième émanant d'un autre jurisconsulte. Disons de suite, pour en donner une idée générale, que cette deuxième partie est bien plus développée que la première, et que le rôle du deuxième jurisconsulte n'est pas comparable, par son importance, à celui de l'auteur de l'argumentation sommaire figurant en premier lieu. Cette partie de la *disputatio* porte, dans le texte, le nom de *determinatio*.

Le trait commun à toutes les *determinationes* est que le second jurisconsulte commence son discours en reprenant pour son compte l'argumentation *pro* et *contra* à l'aide de nouveaux raisonnements. De même que la première argumentation, la seconde débute souvent (qu. II, IV, V) par quelques remarques préliminaires destinées à préciser le débat. Ceci fait, le jurisconsulte argumente *pro* et *contra*. Sauf dans la qu. IV, il commence par soutenir en premier lieu l'opinion présentée par son prédécesseur en dernier lieu, de sorte que le *contra* de celui-ci devient le *pro* de celui-là et inversement. Cette argumentation est plus ou moins développée suivant les *questiones*. Les qu. I et III étayent chaque opinion de plusieurs arguments, les qu. IV et V réduisent chaque partie de l'argumentation à un seul argument, les qu. II et VI développent assez longuement le *pro* tout en réduisant le *contra* à sa plus simple expression.

Dans les qu. I II et V l'argumentation *pro* et *contra* est suivie immédiatement de la *solutio*, Les autres *questiones* font précéder celle-ci d'une *distinctio* qui n'est rapportée que pour être réfutée (qu. IV, VI) ou du moins abandonnée (qu. III). Il est à remarquer que, dans la qu. IV, la distinction dégénère elle-même en une argumentation *pro* et *contra* en ce sens que le jurisconsulte, après avoir rapporté la distinction au. moyen de laquelle les docteurs prétendent résoudre la question de droit soulevée par la *disputatio*, soutient d'abord que le cas de la *questio* rentre dans le premier membre de la distinction, puis qu'il est prévu par le second.

Après la *distinctio*, suit, dans la qu. III, la *solutio*. Les qu. IV et VI font précéder la *solutio* au sens technique, c'est-à-dire l'exposé de l'opinion personnelle du jurisconsulte, par une sorte de solution subsidiaire ou conditionnelle. Le jurisconsulte y expose l'opinion qu'il aurait professé, s'il avait cru pouvoir accepter le principe même de la distinction (*si ego uterer ista distinctione, ego considerarem* qu. IV ; *si ego tenerem illam, ego dicerem* qu. VI). La qu. VI donne cette solution conditionnelle dans une courte phrase suivie immédiatement de *solutio* définitive. Dans la qu. IV, le passage correspondant a plus d'ampleur : après avoir exposé la solution conditionnelle, le jurisconsulte se fait une objection qu'il réfute ensuite en ajoutant à cette réfutation une explication complémentaire sur un détail de la solution. Ce n'est qu'après tous ces développements qu'il aborde la *solutio* proprement dite.

Dans la *solutio*, à laquelle nous arrivons à présent, on peut distinguer, dans chaque *question* deux parties : la première contient l'exposé de l'opinion du jurisconsulte, la deuxième donne une *solutio ad contrarium* (ou *ad contraria*), c'est-à-dire une réfutation de l'objection tirée d'une loi contredisant en apparence la solution adoptée.

L'exposé de l'opinion du jurisconsulte est toujours étayé d'arguments plus ou moins nombreux. La forme de cette partie de la *solutio* varie suivant les *questiones*. Dans les qu. I et IV on annonce d'abord la solution qui contient une réponse pure et simple à la question énoncé dans la thèse, et on en donne la démonstration ensuite. La qu. V suit la même disposition, sauf cette particularité que la réponse n'est pas pure et simple, mais se résout en une distinction. La qu. II offre un autre exemple de *solutio per modum distinctionis*. Sa structure accuse en outre quelques différences de plus. Et tout d'abord chaque membre de la distinction comporte une sous-distinction, ce qui n'empêche pas d'ailleurs que les deux sous-distinctions de chaque membre aboutissent à une solution commune. Dans chaque membre de la distinction principale, la solution de la deuxième sous-distinction est donnée suivant la méthode de *pro* et *contra*. La solution de la première sous-distinction du premier membre est donnée par voie de démonstration directe. La démonstration directe est encore suivie dans la première sous-distinction du deuxième membre, avec cette particularité de plus que la fin de cette démonstration contient l'exposé d'une objection dont la réfutation est renvoyée à l'autre membre de la sous-distinction (*dico quod inmo... ut tu uidebis statim in sequenti membro*). La solution de la qu. III est donnée dans la forme d'une discussion avec soi-même suivant le schéma : *dico... tu dices non est idem... dico idem est... tu dices adhuc... dico...* La solution de la qu. VI procède suivant la méthode de *pro* et *contra* : après avoir invoqué de dernières raisons en faveur de chaque solution, le jurisconculte se décide enfin à donner son opinion.

Les *solutiones ad contraria* (ou *ad contrarium*) qui terminent les *solutiones* dans les *questiones* diffèrent aussi les unes des autres. Dans la qu. I, le jurisconsulte répond à l'objection tirée d'une loi qu'il avait lui-même invoquée au début de la discussion (dans l'*argum. pro, in fi.*). Pour étayer sa réfutation il cite de nombreuses lois auxquelles il ajoute — c'est un détail à noter — une loi qu'il avoue fournir un argument contredisant se démonstration (*set ar. contra*). Dans la qu. II on résout trois *contraria*. Le deuxième en est formé par la loi qui avait été invoquée par le premier *disputans*. La résolution du premier constitue la réfutation de l'argumentation *pro* développée par l'auteur dans la deuxième sous-distinction du deuxième membre de la distinction formant la *solutio*. Le troisième point enfin donne la réponse à une loi que l'auteur avait déjà signalée comme *contraria* au début de la *solutio*. La qu. III contient la réfutation complète de l'argumentation *pro* et *contra* du premier *disputans* : les deux *contraria* sont formés par les deux lois invoquées, chacune en un sens différent, par ce dernier. Le *contrarium* résolu dans la qu. IV est constitué par une loi qui sert à justifier une distinction des docteurs mentionnée, mais aussi rejetée par l'un et l'autre des orateurs. La *solutio ad contrarium* de la qu. V contient, la réfutation anticipée d'une objection qu'on pourrait être tenté de faire à la solution de l'orateur. Il convient d'ailleurs de remarquer que les lois contre lesquelles on polémise ou, pour parler plus exactement, dont on précise le sens avaient déjà été alléguées par l'orateur, à titre d'argument *a contrario*, lors de l'établissement des circonstances de fait de la *questio*. Dans la qu. VI, enfin, on réduit à sa juste valeur l'argument développé en premier lieu (*arg. pro*) par le premier orateur.

Les qu. II et IV se terminent par là. Par contre, les quatre autres *questiones* développent encore une dernière partie que je me permettrai d'appeler, faute de mieux, *oppositio*, bien que ce vocable ne rende pas exactement compte du contenu de la partie ainsi dénommée. Le trait commun de ces *oppositiones* consiste en ce que le *determinans* (le deuxième jurisconsulte) y rapporte les objections faites à sa *solutio* et les réfute ensuite. On pourrait douter, si ces objections avaient été réellement faites ou si elles sont fictives, c'est-à-dire soulevées par le *determinans* lui-même, procédé dialectique fréquemment employé dans les *lecture* et *repetitiones* (17). En effet, les passages qui commencent par *Contra me opponitur* ou une formule équivalente où le verbe est mis à la 3e personne de l'indicatif passif, continuent fréquemment en passant à la 1re personne de l'indicatif actif : *dico, probo, induco* (p. ex. qu. I *tertio oppon.*, qu. V *primo opp.*, qu. VI *primo opp.*). Bien que le texte laisse parfois place à un doute à cet égard, j'incline néanmoins à considérer cette partie de la *questio* comme rapportant une discussion ayant eu lieu effectivement entre le *determinans* et un ou plusieurs opposants. Aucun doute ne saurait subsister, à cet égard, en ce qui concerne la qu. III où nous voyons un nouveau jurisconsulte, Guy de la Charité, combattre la *determinatio* de Jo. de Sangneio. Cette critique, très serrée, reste à la vérité sans réplique, particularité qui ne se rencontre pas ailleurs, et qui affaiblit par conséquent l'argument qu'on voudrait tirer de cette *questio*. Je ne considère pas, non plus, comme décisives les phrases en quelque sorte adversatives où le *determinans*, tout en rapportant

---

(17) On en trouvera de nombreux exemples dans Pierre de Belleperche *in ff.nov.*, *in Cod.*, *in ff. vet.*, édit. Francfort, 1571, et ailleurs.

les critiques faites à sa *solutio*, proteste contre la doctrine qui y est développée :... *quedam sunt seruitutes que respiciunt superficiem non solum, — tamen scio quod omnes respiciunt solum*—... (qu. V), *sicut... admittuntur proximi ad res de nouo quesitas, — non admittuntur secundum quod dixi — ita...* (qu. VI). Mais je crois pouvoir trouver un solide appui en faveur de mon opinion dans la forme *tertio oppositum fuit* qui se lit dans la qu. VI. Cette forme ne s'explique qu'en admettant une opposition effective. Or, non seulement ce passage est précédé de deux *oppositiones* débutant par les formules : *Primo opponitur contre me, Secundo opponitur* et présentant ensuite les arguments de l'opposant en la forme du discours direct, à la 1re personne, mais encore cette dernière particularité se retrouve dans notre passage même qui est construit suivant le schéma : *oppositum fuit. Dixi... Contra... dico... Respondeo*, où les mots *dixi* et *respondeo* se rapportent au *determinans* et les mots *contra... dico* à l'opposant. J'en conclus que le *determinans* (évent. le *reportator*) en rapportant les arguments de son contradicteur ne voyait aucun inconvénient à mettre le verbe à la 1re personne.

En ce qui concerne le contenu de cette partie finale de la *questio*, je ferai remarquer que toutes les *oppositiones* ne sont pas suivies de *répliques*. J'ai déjà mentionné la qu. III où la critique de Guy de la Charité reste sans réponse ; je signalerai encore la qu. I où, sur trois oppositions, une seulement est réfutée. Il est possible que cette particularité s'explique par le fait que l'heure ou tout autre laps de temps assigné à la *disputatio* fût expiré avant que le *determinans* eût pu terminer sa réfutation (18). Je ferai enfin observer que souvent cette dernière partie de la *questio* dégénère en une discussion se déroulant suivant le schéma : *Solutio... Set contra istam solutionem arguitur...*

---

(18) La qu. V semble aussi être interrompue brusquement. La résolution du dernier *contrarium* y est suivie d'une objection qui reste sans réponse. — Cette interruption due à l'expiration de l'heure n'aurait pu se produire que difficilement dans les facultés où, comme à Padoue, le *determinans* avait trois jours de réflexion pour arrêter les termes de sa *solutio* comprenant la réfutation des objections proposées. Il aurait pu facilement calculer d'avance l'emploi de son temps. Voy. Statuts de Padoue p. p. P. Denifle, *Archiv. f. Litt. u. Kirchengesch.* VI. p. 476 : Et quando [arguentes] surrexerint doctor [qui] disputat *rel.* argumenta pro et contra proposita [*scil ab arguentibus*] prout molius repetat, in solucione sua solvens in contrarium allegata, manifestando quam partem teneat. Quam quidem solucionem a die disputacionis infra triduum facere teneatur.

solutio... set adhuc opponitur... etc., etc. La question de savoir si cette discussion se greffant sur la réfutation de l'opposition constitue un dialogue effectif ou un dialogue fictif, ne me semble pas pouvoir être résolue.

En résumé, les *disputationes* du ms. 4488 présentent des discussions d'espèces concrètes, menées par deux jurisconsultes, dont le premier se borne à présenter une argumentation *pro* et *contra* sommaire et dépourvue de solution, alors que le second, après avoir fait valoir, à son tour, des arguments en deux sens, arrive, généralement après des péripéties plus ou moins longues, à donner la solution motivée de la difficulté avec la réponse à un ou à plusieurs *contraria*. Dans quatre cas sur six, la solution ainsi donnée est l'objet de critiques effectives qui sont le plus souvent (trois cas sur quatre) réfutées, du moins partiellement, par le *determinans*.

La conclusion à laquelle aboutit cette analyse contredit l'idée que les historiens du droit savant au moyen-âge se font de la *disputatio* orale (19). D'après les recherches faites jusqu'à ce jour, la *disputatio* aurait consisté en une discussion entre deux ou peut-être plusieurs personnes, dont chacune n'aurait proposé que des arguments en un sens, de sorte que cet exercice scolaire aurait ressemblé à un procès où les intérêts du demandeur eussent été soutenus par le premier orateur, tandis que l'orateur ou les orateurs parlant en second lieu eussent été chargés de faire valoir les raisons militant en faveur de la thèse du défendeur. Le démenti que les *disputationes* du ms. 4488 infligent à cette manière de voir s'explique assez facilement, si l'on considère que, faute de documents, on était obligé, pour donner une notion de la *disputatio* orale, de recourir à un raisonnement fondé sur l'étude non des *reportationes* de *disputationes* ayant eu lieu réellement, mais des recueils de *questiones* écrites, genre littéraire issu des *disputationes* orales, mais n'en donnant pas l'image fidèle (20).

Ces recueils sont trop connus pour que je m'étende longuement sur les caractères de la *questio* écrite. Je me borne à rappeler que la *questio* écrite se compose, dans ses parties essentielles, de l'indication

(19) Voy. Landsberg, *op. cit.* qui reproduit l'opinion commune.

(20) Les *questiones* angevines et parisiennes publiées par Fitting *op. cit.* sont des *reportationes*, et non des *questiones* écrites. Malheureusement, Il n'y avait rien à tirer de leur texte, trop concis.

du sujet, d'une argumentation *pro* suivie d'une argumentation *contra*, et enfin d'une *solutio* souvent très brève (21). Les témoignages positifs des sources affirmant que ces *questiones* étaient issus des *disputationes* orales (22), on avait conclu que celles-ci se déroulaient suivant le schèma fourni par celles-là. Cette manière de voir semblait s'accorder très bien avec une disposition des statuts de Bologne d'après laquelle les réponses aux *iura in contrarium allegata* devaient être consignées, sous peine d'amende, dans la copie que le *disputans* était obligé de faire de sa *disputatio* (23).

Mais s'il n'est pas douteux que le genre littéraire connu sous le nom de *questiones* écrites ne soit issu des *disputationes* orales, il s'en faut de beaucoup qu'il en donne la reproduction exacte. On le conçoit d'ailleurs aisément. Les recueils de *questiones*, les plus notables du moins, furent composés non par d'obscurs élèves, mais par des maitres renommés qui s'appellaient Pileus, Roffredus, Bartholomæus Brixiensis, Johannes Andreæ, etc. Certains auteurs, p. ex. Roffredus, loin de dissimuler l'origine de leurs recueils, affirment hautement que leurs *questiones* ont été disputées effectivement (24). D'autre part, ils ne semblent pas considérer leurs

(21) Je néglige les parties non essentielles comme p. ex. la *distinctio* dont on trouvera des exemples dans les *questiones* de Pileus (éd. Rome, 1560), qu. 39 (p. 70), qu. 65 (p. 118), qu. 68 (p. 126), et ailleurs.

(22) Roffredus, préface des *Questiones sabbatine* (éd. Avignon, 1500, à la suite des traités des libelles ; cette partie du volume n'est pas foliotée)... considerando quod in scolis dominorum bononiensium sabbatine questiones domini Pylei tractarentur : et quia erat vtilius questiones de facto emergentes tractare in sabbatis quam illas scriptas domini Py. recitare in quibus recitandis nulla utilitas nisi quo ad astutiam inuenitur : ideo questiones de facto emergentes. vtiles ac fructuosas et copiose tractatas ad rogatum meorum sociorum in scriptis redegi : quas questiones periti et sapientes mei socij in singulis sabbatis tractauerunt *rel.*

(23) *Apud* Savigny III, *Anhang* IV, n° 9, p. 657. (Denifle, *Arch. j. Litt. u. Kirchengesch. III*, p. 322.) Cette disposition se concilie aussi très bien avec la notion des *disputationes* dégagée dans le texte. Bien mieux, la publication intégrale des statuts bolonnais par P. Denifle fournit plutôt un argument en faveur de mon opinion. Ce n'est qu'exceptionnellement, dans un cas particulier, qu'on défend de former des arguments en deux sens aux *arguentes*. Encore n'y s'agit-il que des assistants proposant des objections au *determinans, op. cit. III*, p. 321, lignes 30 sqq. : Idem si occurant existentes in aliquo gradu, et argumenta pro et contra ab uno et eodem fieri non possint.

(24) *Op. et loc. citt...* Accipite igitur studiosi socij et studium et sollicitudinem attendite offerentis : omnes enim sunt de facto questiones tractate preter quattuor : quarum mate-

recueils comme des œuvres de peu de valeur. Pileus cite ses *questiones* dans ses autres ouvrages (25). Roffredus y attache tant d'importance qu'il les dispose de façon que les initiales des premiers mots forment un acrostiche destiné à empêcher les plagiats (26). Peut-on admettre, dans ces conditions, que les auteurs des *questiones* se soient astreints à une besogne de *reportator*, en rapportant, dans leurs recueils, toute la *disputatio*, c'est-à-dire non seulement les arguments qu'ils avaient produits eux-mêmes, mais encore, et peut-être surtout, ceux qui avaient été dus à l'ingéniosité des autres orateurs ? Aurait-on pu, dans cette hypothèse, appeler décemment les *questiones* son propre bien, si on y avait fait entrer des éléments étrangers? Certainement non. Si les auteurs des recueils de *questiones* apportaient tant de soin à la conservation de ce qu'ils considéraient comme leur propriété littéraire, c'est qu'assurément leurs ouvrages ne contenaient que ce qui, dans la *disputatio*, émanait d'eux, à l'exclusion des discussions des autres orateurs. Par la force des choses, la *questio* écrite ne donne qu'une image incomplète, tronquée de la *disputatio* orale.

En parcourant les textes publiés ici, on remarquera que les arguments invoqués dans les discussions se distinguent plutôt par la quantité que par la qualité. Tout argument est bon aux *disputantes*, et ils semblent même se complaire dans les analogies douteuses. La même tendance s'observe dans les *questiones* publiées par M. Fitting (27). Ces derniers textes datant comme les nôtres de la deuxième moitié du XIIIe siècle, on sera peut-être tenté de voir, dans la particularité que je signale, un témoignage de la

---

ria est de questionibus Py. sed sunt alio modo vijs et legibus pertractate. Prima illarum quattuor est que e tia (!) incipit viuianus. Secunda emilius. Tertia nichodemus. Quarta farulphus. Et ideo has inuenies hic positas : quia quidam ex meis socijs tyrones in legibus non poterant dentibus panem durum manducare ideo illas sciptas in medio proponebant *rel.* (Ce sont les qu. 4, 14, 15, 16). Cf. *supra* note 22.

(25) Savigny ² IV, § 99 note m.

(26) *Op. et loc. citt...*Verum quia in legibus nostris fit furtum sine culpa laudabile : et opus et glosas quas fecerunt doctores antiqui mortui iam multis retroactis temporibus, viuentes doctores et domini sibi appropriant et ascribunt vt consequantur laudem scolarium gloriam omnium et fauorem *rel.* Timens de iure ne aliquis inuidus et subtractor operis alieni hoc meum opus sibi ascriberet, ideo nomen *rel.*

(27) *Op. cit.* p. 716.

décadence de la science du droit aux temps des postglossateurs Si cette explication se présente à l'esprit, c'est pour être immédiatement écartée.

Et tout d'abord l'existence d'une décadence au XIIIᵉ siècle, bien qu'elle ait été affirmée par de Savigny, est pour le moins douteuse (28). En ce qui concerne les postglossateurs français, un commerce assez assidu avec leurs œuvres me permet d'affirmer qu'on n'y aperçoit ni « *Mangel an Gedanken* » (29) ni « *unfruchtbare, geistlose Arbeit* » (30). En tous cas, les juristes orléanais du XIIIᵉ siècle ne sont pas dupes des analogies niaises qu'ils invoquent dans leurs *disputationes*. Ils sont bien capables de discerner les différences plus subtiles que celles qui séparent la théorie des servitudes de la théorie du recel (31) : Jacques de Révigny répudie, dans une de ses leçons, toute analogie entre la tutelle et le bail, qu'on a pourtant coutume de rapprocher, même de nos jours (32).

En second lieu, il convient de remarquer que la puérilité des arguments employés dans les *disputationes* n'est pas propre aux postglossateurs. Ils la partagent avec les glossateurs ainsi qu'en

---

(28) Je suis très heureux de me rencontrer ici avec M. Biagio Brugi, *I giureconsulti italiani del secolo XVI. (Archivio giuridico*, vol. 70), p. 6, p. 9 sqq. du tirage à part.

(29) Savigny ² V, p. 354.

(30) *Ibid.* VI p. 1.

(31) Ce rapprochement est fait à la fin de la qu. VI (p. 71, 1. 29 sqq.).

(32) Jacques de Révigny sur la l. 54. D. 41, 1, ms. V., fol. 75 r°, col. 1 : Ego uidi — diu est —, quod quidam laicus nitebatur ratione huius legis et tractabatur inter matrem pupilli cuiusdam et patruum suum, quis haberet eum in tutela uel, ut ipsi dicunt, in balliua sua. Mater illa iam conuolauerat ad secunda uota, unde dicebat laicus : « mater est in potestate aliena, hoc est in potestate mariti sui, quomodo ergo potest regere filium suum ? uidetur quod hoc esse non posset r. Et certe ipse verum dicit, quia si mater conuolat ad secunda uota, ipsa non debet habere tutelam filij sui. Sed in hoc male [*scil. dixit*]. quod mater esset in potestate mariti sui, ymo si haberet patrem, remaneret in patris potestate, vt C. de cond. insertis. l. si tutorem (!) [l. 5. C. 6, 46]. Dic ergo, quod verum est, quod mater, que conuolabat ad secunda uota, repellenda est a tutela filij, vt in aut. de nupc. § sin autem tutelas [Coll. V, t. 1. c. 40 = Nou. 22]. Sed certe illa balliua de qua loquntur non est vera tutela. Unde de ballia nescio quis sit casus legis, nam tutor nichil facit suum, set certe ille, qui habet in balliua facit fructus suos per consuetudinem. Et certe ego credo, quod hoc introductum fuit per abusum, et illud est contra Deum et contra omnia iura.

témoignent les recueils de *questiones* de ces derniers (33). Nous sommes en présence d'un fait général.

Je ne crois pas m'éloigner beaucoup de la vérité en proposant de l'expliquer par le but même des *disputationes*. Ces exercices n'ont pas de prétentions scientifiques; ce sont des tournois où l'on fait montre des qualités d'habile plaideur.

Or, les juridictions devant lesquelles le *disputans* ou ceux qui assistent à son tournoi seront amenés à traiter la même question de *facto* sont loin d'être composées de savants. Ceux qui y siègent sont des *laici*, des *rustici*, dont les plus savants n'ont jamais poussé au-delà du *triuium* et dont la plupart n'ont jamais ouvert un Donat. Plusieurs sont des *idiote*, des illettrés (34). Tous ou presque tous n'ont connaissance de la *diuinarum humanarumque rerum notitia* que par de méprisables traités écrits *in romancio*, des compilations médiocres comme le Conseil à un ami, le Livre de Jostice et de Plet, et autres ouvrages similaires. Celui d'entre eux qui a lu une traduction d'Azo ou de la glose d'Accurse, s'estime sans doute grand clerc. Auprès de juges pareils, la besogne de l'avocat est tracée d'avance. Pas n'est besoin de décomposer l'espèce litigieuse en ses éléments juridiques et de trouver les règles de droit qui y correspondent. Les juges n'auraient rien compris à cette analyse délicate et n'auraient pas saisi la portée des *teorice* produites à l'appui de la thèse de l'avocat. Mais s'ils sont incapables de pénétrer le fonctionnement des rouages compliqués du droit savant, ils n'en éprouvent pas moins pour lui un respect mêlé d'admiration. Ils s'inclinent volontiers devant l'autorité « des hauz livres enorez — qu'on appelle lois et decrez », sachant que « la sont li point, la sont li dit — et li biau mot et li escrit — dont on doit pueple governer — et droiture et raison garder » (35).

(33) Cf. Landsberg *op. cit.*, p. 2.

(34) Jacques de Révigny, sur la l. 2. C. 2, 6. ms. V. fol. 265 v°, col. 2 : Satis potest dici, quod potest esse aduocatus, si nouit literas, coram iudicibus, qui sunt laici et literarum ignari. Unde potest esse aduocatus, dum modo sit peritus eorum iurium, que considerantur in eo foro : unde ego considero in aduocato diuersas consuetudines fori. Supposito quod aduocatus imperitus aduocet coram omni iudice, doctores dant consilium, quod aduocatus peritus loquatur ita extranee, quod non intelligunt cum imperiti, et sic recedat cum rubore. — Dans tout ce passage je vise exclusivement les juridictions laïques. Dans les cours de chrétienté les magistrats instruits ne manquaient pas.

(35) *Bible Guiot*, Bartsch, *Chrestomathie*, p. 249, 33-34; p. 247, 35 sqq. et sur ce

Il s'agit donc, pour l'avocat, moins de démontrer véritablement le bien fondé de sa thèse, que d'entraîner la conviction du juge crédule, en lui montrant que la question litigieuse est prévue et tranchée expressément par un fragment du Corpus. Aussi, le premier soin de l'avocat est de trouver un *casus legis*. Malheureusement il est difficile de trouver un *casus* correspondant, point par point, au litige : Titius Seius et Lucius Maeuius avaient discuté des affaires sensiblement différentes de celles qui mettent aux prises Jehan et Pierre. Et puis, à supposer qu'on trouve le *casus*, il se peut qu'il soit tranché autrement qu'il n'eût été désirable. On y remédiera facilement : *Et si non habet casus expressos, argumenta et similia inducat* [scil. aduocatus]... *Studeat autem multa pro se inducere... ubi plura faciunt pro aliquo quam contra, pro eo pronuntiatur* (36). L'essentiel est donc le nombre d'arguments, leur valeur intrinsèque étant de moindre importance devant la *laicus* qui décide du sort du procès. L'avocat développera par conséquent toute son ingéniosité à trouver la plus grande quantité de *similia*. Pour la plupart, ce seront des analogies fort subtiles. Peu importe, on les fera valoir quand même. On sera d'autant moins gêné que le juge et aussi l'adversaire seront plus ignares. Guillaume Durand, qui donne, dans son *Speculum*, toutes sortes d'étranges conseils aux avocats (37), leur recommande expressément la subtilité, en disant avec une naïveté exquise : *Licet enim per subtiles allegationes et cauillationes lis quandoque indebite protrahatur... tamen finaliter iustitia et ueritas sub aequo iudice ualet et inualescit* (38).

Contre cette avalanche de *similia*, le défendeur en opposait, bien entendu, une autre. Mais il avait en outre à démontrer l'inanité de

texte, Meynial : *Remarques sur la réaction populaire contre l'invasion du dr. romain en France aux XIIe et XIIIe ss.* dans *Mélanges Chabaneau*, p. 560.

(36) Guill. Durand, *Speculum iud. lib. II, rub. de disput. et allegat. aduocat.,§ Nunc*, n°s 5-6 (éd. Venise, 1566, tome II, p. 603).

(37) *Speculum lib. I, part. IV, rub. de aduocato, § Consequenter*, n° 6 : Item caueat ne alleget publice legem pro eo expresse facientem : sed eam iudici, cum necesse fuerit, dicat ad aurem : et per eam ipsum informet, ne aduersarius contra illam sese ualeat in responsionibus praemunire (*ed. cit.* tome I, p. 422).§ *Vtriusque* n° 13. Item cautus sit ne passim pro modico salario aduocet... nec expedit pro modico salario alteram laedere partem. non enim fieri potest, quin laedatur qui vincitur (*ed. cit.*, tome I, p. 426).

(38) *Spec. lib. II, part. II rub. disput. et allegat. aduocat.§ Allegare.* (éd. cit., tome II, p. 601.)

l'argumentation de son adversaire, autrement dit à résoudre les *contraria* qui en résultaient. *Post hoc autem rei aduocatus qui debet causam extenuare,... surgat... quae per aduocatum actoris fuerint proposita sub epilogo repetat, seriatim ad singula per eum proposita respondendo et audacter cuncta per eum introducta, prout poterit, destruendo* (39). Cette tâche de la défense était si importante que pour la faciliter G. Durand a réuni comme un canon de moyens usuels de résoudre les *contraria* (40). Si ingénieux que fussent les préceptes de l'art, de résoudre les contraires, ils ne suffisaient pas à former un bon avocat. L'art de plaider ne peut s'apprendre que par la pratique, et c'est en effet par des exercices pratiques, par les *disputationes*, que les avocats médiévaux l'apprenaient.

Les *casus*, les *similia* et les *solutiones contrariorum* étant les principaux éléments de la plaidoirie au moyen-âge, les *disputationes* ont dû tendre surtout à habituer les futurs avocats au maniement de ces formes de raisonnement juridique. Et de fait, les *casus*, les *similia* et les *solutiones contrariorum* tiennent une place prépondérante dans nos textes (41). Les fragments du ms. 4488 jettent en outre un jour curieux sur la façon dont les légistes comprenaient le rôle de l'avocat. L'impression qui se dégage de la lecture des *disputationes* est que ces exercices scolaires furent une merveilleuse école de discussion déloyale. Les juristes qui ne se font assurément aucune illusion sur la valeur scientifique de leurs arguments, multiplient cependant à l'envi des *casus* et des *similia* douteux pour faire montre de leur habileté à jongler avec les textes, à jeter de la poudre aux yeux des gens simples et insuffisamment instruits comme l'étaient les officiers judiciaires du XIIIe siècle (42). En entas-

---

(39) *Op. et loc. cit.*, § *Post princ.* (ed. cit., tome II, p.604.) Bien entendu, le demandeur ne se faisait pas faute de répliquer, voy. *Speculum loc. cit.*, § *Porro* (ed.. cit., tome II. p. 611 sq.).

(40) *Op. et loc. cit.*, § *Post* n° 5 sqq. (ed. cit., p. 605 sq.). Voy. un chapitre similaire dans Vincent de Beauvais, *Speculum doctrinale lib.* 7, *cap.* 56 (ex summa iuris cancnici) *De solutionibus contrarietatum iuris*, éd. Douai, 1624, col. 596 s.

(41) La partie désignée sous le nom de *solutio ad contraria* est relativement peu développée dans nos *disputationes*. Mais les résolutions des contraires abondent dans les autres parties du discours du *determinans*.

(42) Jacques de Révigny sur la l. 13. C. 3, 1; ms. V. fol. 323 v°, col. 1..... quia partes semper [*vel saltem*] ut sepius habent aduocatos etiam peritiores iudicibus. L'intercalation *vel saltem* est fournie par un autre passage de Jacques de Révigny (*loc. cit.*) où l'ex-

2

sant, avec la même complaisance, les arguments pour et les arguments contre, en développant des distinctions subtiles qu'ils savent être inexactes, ils apprennent à leurs élèves à n'être jamais à court d'arguments, à savoir faire triompher toutes les solutions, y compris les pires. Faut-il dès lors s'étonner de voir Guiot de Provins se plaindre en disant des avocats :

> autant aiment toit comme droit,
> mais que il facent lor exploit
> ne leur chaut de quel part il pendent.

Et comment résisteront les avocats formés à cette école et que nous savons, par ailleurs, être peu scrupuleux (43), à prendre « de deus pars le plait », à soutenir en appel les intérêts de la partie contre laquelle ils ont plaidé en première instance? (44) Faut-il aussi blâ-

pression employée dans le texte revient sans être écourtée par le copiste. — Cf. *supra*, note 34.

(43) Meynial, *Mélanges Chabaneau*. p. 557-584 *Adde*. Pierre le Chantre, *Verbum abbreviatum, cap.* 51 : Vidi morbum incurabilem ad quem curandum non inueniebatur medi. cus, quia de salute aegrotantis desperabatur. sed nunquam vidi causam adeo perditam vel iniustam, pro qua tuenda non inueniretur aduocatus (éd. 1639, p. 134); Vincent de Beauvais, *Speculum doctrinale, lib.* 10. *cap.* 88, *de aduocatis* : Circa aduocatos in iudicio animae quatuor sunt principaliter consideranda scilicet persona, causa, modus aduocandi et salarium. Modus, ut non producat falsa instrumenta, nec testes falsos, vel corruptos ut mentiantur, nec falsas leges, vel alias iuris vel facti probationes falsas inducat, nec dilationes non necessarias in grauamen partium quaerat. — Le chap. de aduocatis de Vincent de Beauvais est emprunté à la Somme de Raymond de Penafort, livre 2, titre *de raptoribus praedonibus et incendiariis*, § 39 (éd. Rome, 1603, p. 211 ss). — Henr. Boich *in V ll. Decretalium distinctiones, De postulando* n° 15:..... et licet officium aduocationis de se sit honorabile, laudabile et meritorium..... tamen propter aliqua, quae taceo, ab eo tutius est abstinere (éd. Venise, 1576, p. 152, col. 1). — Cf. encore la séquence citée par tous les biographes de Saint-Yves et qui ne doit pas être de beaucoup postérieure à la mort de ce saint (1303): Sanctus Yuo erat Brito, — Aduocatus et non latro, — Res miranda populo. — Par contre il n'y a rien à tirer de la phrase suivante d'une charte de 1279 conservée dans le cartulaire E de Cluni : Nos predictus Johannes, dominus Castri Villani et Luziaci, ad evitandum juris et consuetudinis volubiles laqueos et advocatorum versuciam... (Bernard et Bruel, *Recueil des chartes de l'Abbaye de Cluni V I*, n° 5204, p. 684). Cette phrase témoigne seulement de la méfiance que le peuple professe dans tous les temps, à l'endroit des hommes d'affaires.

(44) Cela a dû être d'autant plus fréquent que certains légistes enseignaient que l'avocat pouvait plaider en appel la cause qu'il avait combattue en première instance. Pierre de Belleperche, *in l.* 17 C. *de procurat.* 2, 12, n° 16, n'y ajoute encore que ce timide tempéra-

mer l'auteur de la *Bible* de traiter les légistes de «de bone huevre
tricheor » qui «les faux poinz traient des bons », distillant engin et
barat des « hauz livres enorez qu'on appelle lois et decrez » ? Si nous
voulions caractériser d'un mot bref les *disputationes*, pourrions-nous
faire mieux que de transcrire le jugement de Guiot sur les avocats
savants :

> trop sont il soutil et agu
> mais lor bon sens ont il perdu.

Mais si la valeur scientifique des *disputationes* est médiocre pour
ne pas dire nulle, au point de vue pratique cet enseignement est gros
de conséquences. Ce fut en effet une terrible milice que celle qui se
recrutait parmi les *milites inermis milicie* (45), rompus à cet exercice
dialectique. Ceux qui avaient suivi les cours de *disputationes* devaient être experts en l'art de berner les juges. Ajoutez encore que
si répandus que fussent les avocats savants, ils faisaient payer cher
leurs services. Leur cupidité est le thème de prédilection de la

ment : tamen de aequitate dicitur quod si aduersarius uelit sibi dare tantum, quantum
alius, quod citius secum remaneat (éd. Francfort, 1571, p. 18). — Il y avait des opinions
pires, témoin cette singulière doctrine combattue par Jacques de Révigny, sur la l. 6.C
2, 6; ms. V. fol. 266 r°, col. 1 : Quisquis, etc. Habes in principio huius legis, quod non potest
quis esse in eodem negotio aduocatus et iudex. Dicunt quidam : eodem tempore, sed al'o
tempore posset esse iudex et alio tempore aduocatus, ut supra de assess. l. ult. (l. 14. C. 1.
51). Ego dico, quod in eodem negotio non posset esse iudex,si fuit aduocatus etiam alio
tempore *rel*. — Il convient d'ailleurs de remarquer que ces solutions peuvent se justifier, si le rôle de l'avocat doit être assimilé à celui de l'ancien conseil et non à celui
de l'emparlier. Cf. Brunner, *Forschungen*, p. 356 et 360. Les sources en langue vulgaire ne donnent cependant le nom d'avocat qu'aux emparliers. Brunner, *op. cit.*
p. 354 et 358. — Quoi qu'il en soit le fait est certain : il nous est attesté par Guillaume Durand, *Specul., lib. I, part. IV, t. de aduocato § Nunc tractemus* n° 12 : Quid
ergo, si tibi dedi fidem, quod pro te essem aduocatus in causa aliqua, et f.ii ; lata est
sententia ; an in causa appellationis contra te esse potero aduocatus ? Respondes sic,
et hoc saepe fit in curia. (*ed. cit.* I, p. 405).

(45) Jacques de Révigny, ms. V, fol. 79 r°, col. 2 :... sic dicam in scolari qui est miles
inhermis milicie, qui, si recipiat mutuum, presumetur recipere in causam sue milicie, ut in
in libris emendis uel similibus, et erit presumptio iuris et de iure, et sic tenebitur. Et quod
ita sit in milite armate milicie habes C. ad maced. l. ult. [l. 7. C. 4, 28]. et hic accipio
scolarem in legibus, non in gramatica, ut iste conparetur militi armate milicie, quia dicit
lex legibus armatum esse oportet. non dicit gramaticum armatum esse oportet, ut supra
e. in prohemio *rel*. (Je lis *armatum, gramaticum, armatum* quoique la forme de la lettre *u*
soit assez imprécise et prête à confusion avec la lettre *a*). Cette expression n'est pas propre
à Jacques de Révigny ; je l'ai rencontrée assez souvent ailleurs.

poésie satirique contemporaine (46); d'autre part, les controverses juridiques auxquelles donne lieu la fixation des honoraires d'avocat, la grande place que cette question de rétribution tient dans les ouvrages de droit, les mesures que la papauté se voit forcée de prendre pour empêcher les clercs de s'adonner à se métier lucratif d'avocat (47), prouvent que le défaut flagellé par la verve populaire est loin d'être imaginaire. Les gens pauvres n'ont pas dû pouvoir payer ces conseils coûteux. Ils s'adressaient sans doute à de modestes praticiens pour qui l'expérience tenait lieu de savoir, ou bien à des demi-lettrés, étudiants n'ayant pas terminé leurs études et rappelant cet Odericus dont Roffredus nous dit l'édifiante histoire (48). Ces conseillers à rabais n'étaient pas de taille à lutter contre un avocat subtil, formé à l'école des *disputationes* : immanquablement ils faisaient perdre le procès à leurs malheureux clients (49). Dans ces conditions, le jeune clerc (50) faisant ses études dans l'intention d'exercer ensuite la profession d'avocat devenait un véritable danger social. Offrant ses services à ceux qui le payaient le mieux, aux riches et aux puissants, il fut l'adversaire le plus redoutable des petites gens ayant à lutter en justice pour la conservation de leur chétif patrimoine. Les exactions des seigneurs, l'oppression et l'exploitation du menu peuple par les puissants, toutes les violences et toutes les injustices trouvaient en lui un auxiliaire précieux, puisqu'il les faisait légitimer par un arrêt de justice. Au régime de la force brutale qni a dû être encore la loi de la première moitié du XIIe siècle, la renaissance des

(46) Meynial, *Mélanges Chabaneau*, p. 562. Cf. Pierre le Chantre, *Verbum abbreuiatum cap*. 51 : Supradicto generi hominum, scilicet fencratorum, simile est aliud genus hominum in cupiditate, hoc est aduocatorum (éd. cit. p. 133). — Vincent de Beauvais, *Speculum doctrinale l*. 10. *cap*. 88 *de aduocatis* (= Raymond de Penafort, voy. *supra* note 43). Salarium, scilicet ut moderatum petat (éd. cit. col. 945); Caucat etiam ante omnia aduocatus ne petat emolumentum siue salarium cum graui damno litigatoris.

(47) Meynial *loc. cit.*

(48) Qu. II : Odericus quidam scholaris inanis glorie cupidus multum in pompa verborum elatus recessit ad propria pro sapiente et multum se de scientia commenabat quod vinceret socratem et superaret Platonem : vel pompe. procederet et pompeius retro iret *rel*. Il se fit donner une prébende par son évêque übloui de tant de science. Puis l'évêque, s'étant aperçu qu'Odericus était passablement ignorant, voulut révoquer la nomination,

(49) Voy. *supra* note 34. Cf. G. Durand *Spec. De aduocato*, § *Obiicitur*, n° 12 : con: ulo igitur ut ubi uideris aduocatum imperitum conferas secum de apicibus iuris.

(50) Je prends ce mot dans le sens large qu'il avait au moyen-âge.

études juridiques fit succéder un régime d'apparence plus douce, mais en réalité plus implacable encore, celui de l'oppression savante, raffinée, de la spoliation sanctionnée par une justice impuissante à éventer les pièges tendus par les avocats savants (51).

Le rôle néfaste des avocats savants fut vivement senti aux XIIIe et XIVe siècles et provoqua une réaction. Ce serait dépasser les cadres de cette introduction que d'étudier les divers aspects de ce mouvement. Il est d'ailleurs mal connu, sauf sur un point spécial, mais capital, qui a été l'objet d'une pénétrante étude de M. Meynial (52). Je ne dirai, non plus, rien de l'écho que la poésie satirique des XIIIe et XIVe siècles nous apporte de cette réaction populaire contre le droit savant ou plutôt contre ses interprètes : ce côté de la question a été également étudié par M. Meynial, et je n'ai rien à ajouter aux remarques de mon maître (53). Je voudrais seulement signaler

(51) L'*aduocatus malitiosus* est un personnage dont on s'entretient fréquemment dans les *lecturc* du XIIIe siècle. L'ignorance du peuple était si grande, que les tours les plus grossiers semblent avoir été employés, témoin ce passage de Jacques de Révigny, *Continuatio rubr.* C 2, 12 (13); ms. V, fol. 267 v°, col. 1 : Et per hoc dico obuiandum malicie aduocatorum. Uenit aliquis procurator ad iudicium ; dicit aduocatus partis aduerse : «quare uenisti contra nos ? Ego credebam esse amicus tuus ». Dicit procurator : « ego ueni ut lucrarer ». Dicit aduocatus : «quantum debes habere pro procuratione? » Dicit procurator : « V. solidos ». Dicit aduocatus : « recede : tu non es procurator ; procurator est enim qui mandato domini negocia administrat, mandatum est gratuitum, tu non uenisti gratis, unde etc. » ut ff. man. l. I. [l. 1. D. 17, 1] ff. de procur. l. I. [l. 1. D. 3, 3] jnfra e. l. litem [l. 15. C. 2, 12 (13)]. Nunquid ergo repelletur iste procurator ? Dico quod non, ymo *rel.* — Je publierai peut être un jour une notice sur les légistes au service des grands seigneurs.

(52) *Les renonciations au moyen-âge et dans notre ancien droit*, extraits de la *Nouv. rev. hist.* 1898-1904.

(53) *Remarques sur la réaction*, etc. dans *Mélanges Chabaneau*, p. 557-599. Je me permets seulement de transcrire trois textes que M. Meynial n'avait pas à sa disposition et que le hasard de mes lectures vient de me faire connaître. Ils sont tous empruntés au recueil publié par M. Wright sous le titre : *The latin poetries commonly attributed to Walter Mapes* 1841 : *De ruina Romae* v. 49 ss. Canes Scyllae possunt dici—veritatis inimici,—aduocati curiae,—qui latrando falsa fingunt,—mergunt simul et confringunt —carinam pecuniae.—Iste probat se legistam,—ille uero decretistam— inducendo Gelasium; — ad probandam quaestionem— hic intendit actionem—regendorum (!) finium (p. 219). — *De mundi cupiditate* v. 109 ss. Praebendae clericus possessor unicae—cui non sufficere possunt res modicae—de iure ualeat legis authenticae—uendendas emere plures sophistice (p. 170). *Praedicatio Goliae ad terrorem omnium* v. 37 ss. Hic non erit licitum quicquam allegare — neque ius reiicere neque replicare—nec ad apostolicam sedem appellare, — reus tunc damnabitur, nec dicetur quare,—Cogitate, diuites, qui uel

¡ci deux textes qui nous montrent que ni le pouvoir royal ni les auteurs coutumiers ne se sont désintéressés du problème d'élever une digue contre la déloyauté de la pratique savante.

Le premier de ces textes est l'art. 9 de l'ordonnance du 7 janvier 1278 conçu en ces termes : « Li avocat ne soient si hardi d'eus mesler d'alleguier droit escrit la ou coustume aient lieu, mais usent des coustumes » (54). Ce texte ne vise pas, comme on le dit trop souvent, le droit romain. mais bien les *casus* et les *similia* dont les avocats pourraient être tentés d'étayer la plaidoirie dans un procès roulant sur une question de droit coutumier. Il ne s'adresse pas aux juges, en leur défendant p. ex. de s'inspirer du droit romain sur un point douteux du droit coutumier. Il vise les avocats et leur interdit de dérouter les juges par les *casus* et les *similia*, dans un cas où ceux-ci ne pourraient que jeter le trouble dans leur conscience d'hommes peu versés dans les finesses du droit savant (55).

quales estis,—quid in hoc iudicio facere potestis.—tunc non erit aliquis locus hic digestis (p. 53). Il existe une variante des deux derniers vers : quid in hoc iudicio dicere potestis—ubi nullus codicis locus aut digestis. Adde aux preuves rassemblées dans la dernière partie de l'étude de M. Meynial le témoignage de Pierre le Chantre, *Verbum abbreuiatum. cap.* 51. Omissis enim artibus liberalibus, caelestibusque disciplinis, omnes codicem legunt, et forensia quaerunt, vt foris et in exterioribus appareant, sicque gloriam et lucrum mendicent (éd. cit. p. 134). Voy. aussi la pièce du prêtre Pierre p p. Ch V. Langlois, *Revue historique*, t. 50 : v. 1552 Seculares leges querunt, fugunt evangelia. (p. 294) ; v. 1903 ss (en parlant des moines noirs) Nunc habundant in terrenis bonis et redditibus, — Pane. vino, nummis, auro, terris, pratis, domibus. — Quare multi vadunt retro, spretis meis legibus, — Qui Decreto sepe spreto student in Codicibus (p. 269). Cf. aussi *supra*, notes 43 et 46. · Le dernier écho de cette réaction populaire semble nous être transmis par Dante, *Conv.* III, XI, 75 : ... siccome sono li Legisti, li Medici, e quasi tutti li Religiosi. che non per sapere studiano, ma per acquistar moneta o dignità ; e chi désse loro quello che acquistare intendono, non sovrasterebonno allo studio.

(54) Ed. Guilhiermoz, *Enquêtes et procès*, p. 606. L'original latin de l'ordonnance ne s'est pas conservé.

(55) Cf. art. 17 de l'ordonnance : Cil de la terre qui est gouvernée de droit escrit soient oy par *certains* auditeurs de la court *rel.* (p. 607) et art. 23 : Nus des terres qui sont gouvernées de droit escrit soit en la Chambre des plaiz. mais aille aus auditeurs a ce destiner. — La charte de Cluni de 1188 (Bernardt et Bruel, *op. cit. V*, n° 4329) fournit une jolie preuve de l'exactitude de l'interprétation adoptée dans le texte. L'art. 4 de cette charte dispose : Item statuimus, ut nemo Cluniaci manens contra aliquem ibidem manentem controversiam [*habens*], presumat legistas ad cause sue defensionem inducere ; sed si quid questionis inter partes emerserit. secundum benos usus ville

Le deuxième texte est peut-être encore plus significatif, car il émane d'un vieux maître de la Chambre des enquêtes ayant une longue expérience des affaires. C'est un passage (§ 118) du *Style de la Chambre des enquêtes* publié par M. Guilhiermoz :

Et raciones et causas sui judicii studeat et scribat, eciam contra judicium suum pro illo qui debet subcumbere secundum suam opinionem, et planas et breves raciones, quas quilibet clericus possit statim intelligere, nec ab articulis et factis contentis in eisdem recedat, sed semper teneat et habeat in corde et se referat ad facta contenta in eisdem articulis directe, non deviando seu veniendo a demonio merediano per casus similes et particulares Digestorum.

Dans ce texte encore M. Guilhiermoz veut voir une preuve de l'hostilité contre le droit romain. Comme il avait cependant remarqué que l'auteur du *Style des enquêtes* connaissait fort bien le droit romain et qu'il l'utilisait même volontiers, il explique cette contradiction en considérant ce passage comme l'expression de l'indignation de l'auteur à la pensée que les juges puissent s'inspirer du droit romain pour juger les affaires qui auraient dû l'être uniquement d'après le droit coutumier (56). Mais notre texte ne contient aucune opposition entre le droit coutumier et le droit écrit. L'auteur y exhorte ses jeunes collègues à n'étudier et à n'écrire que des faits et des raisons pertinents, à se référer strictement aux faits exposés dans les articles des parties, sans se perdre dans les allégations des *casus* et des *similia* qui ne font qu'embrouiller les affaires. Il craint que les rapporteurs qui sont des clercs et dont plusieurs ont dû étudier «ès lois » ne soient tentés de céder aux mauvaises habitudes contractées au cours des *disputationes*. Les *similia* sont visés expressément dans ce passage où on les oppose aux *plané* et *breves raciones quas quilibet clericus possit statim intelligere*. Le vieux praticien sait quelles solutions on arrive à justifier à l'aide de ces maudits *similia* !

Envisagées au point de vue de leur répercussion sur la vie sociale

---

iudiciali ordine terminetur. On pourrait croire que c'est le droit romain que l'auteur de la charte vise ici. Il n'en est rien, ainsi que le prouve l'article suivant (5) : Si aliquis de hominibus forinsecis contra aliquem Cluniaci morantem placitaturus legis peritos ad cause sue munimen adduxerit, burgensis Cluniacensis legistam advocatum habere potuerit.

(56) *Op. cit.* p. XVI sq.

du moyen-âge, les *disputationes*, qui semblent de prime abord dénuées
de tout intérêt, acquièrent une véritable importance aux yeux de
l'historien. Elles lui montrent une fois de plus que la pénétration du
droit savant dans le droit populaire ne s'est pas accomplie, en France,
sans susciter de graves désordres dans la vie juridique du peuple.
Avant de devenir une partie intégrante du droit français, le droit
de formation savante fut un instrument d'exploitation et d'oppression mis au service des riches et des puissants par des légistes com-
plaisants.

Je dois cependant dire, pour prévenir tout malentendu à ce sujet,
que les tristes faits que je viens, après M. Meynial, de signaler ici ne
sont que le revers d'une médaille, et d'une assez belle médaille. Il
existe dans la doctrine tout un parti qui voit avec défaveur tout ce
qui, dans le droit d'un pays, n'est pas de formation populaire. L'élément savant est considéré, par bon nombre d'auteurs, comme quelque chose de factice, d'artificiel, sans aucune attache avec le génie
national. Je ne saurais partager ces préventions. Si l'on retranchait
du vocabulaire d'une langue les mots d'emprunt, on appauvrirait
singulièrement la pensée nationale en lui ôtant les moyens d'expri-
mer des sensations et des sentiments devenus, depuis des siècles,
familiers aux gens les moins instruits. La même observation pourrait être faite en ce qui concerne l'élément d'emprunt dans le droit
d'une nation. Pour ce qui est du droit français en particulier, il ne
faut pas perdre de vue que la pénétration, au moyen-âge, du droit
savant dans le fonds des notions populaires du juste et de l'injuste,
loin d'être un processus artificiel, correspond très exactement à une
évolution générale de la vie intellectuelle du peuple français. L'histoire du moyen-âge entier n'est que l'histoire de la fusion des conceptions et des idées barbares avec les conceptions et les idées antiques
(57). Dès que la renaissance carolingienne dissipa les ténèbres de la
vie intellectuelle de l'époque mérovingienne, il s'est formé une classe
de plus en plus grandissante (58) des gens modelant leur pensée sur
celle de l'antiquité romaine dont elle adopte même la langue, som-
brée au moment de la décadence mérovingienne. Restreinte d'abord

---

(57) Et chrétiennes. L'influence du christianisme sur le droit français n'entrant pas dans
mon sujet, je n'en dirai rien dans les lignes qui suivent.

(58) Je néglige ici l'arrêt partiel qu'a subi ce mouvement lors de la deuxième décadence
(Xe siècle).

aux clercs (59), cette culture s'étend peu à peu aux autres couches de la population pour devenir, à partir du XIIe siècle, grâce à la prodigieuse littérature de vulgarisation (60), une partie intégrante de la pensée française. A cette latinisation des idées populaires correspond très exactement une romanisation du sentiment juridique du pays. C'est parce que la renaissance des études juridiques coïncide avec la pénétration de la culture romaine dans la société médiévale toute entière, que l'œuvre des Bolonais fut vraiment féconde. Si Irnerius avait accompli son œuvre scientifique à l'époque mérovingienne *decedente atque immo pereunte literalium cultura litterarum*, son nom aurait appartenu à l'érudition et non à l'histoire. Et c'est parce que l'épanouissement de l'Ecole d'Orléans coïncide avec l'œuvre de Jean Clopinel que l'enseignement des Jacques de Révigny et des Pierre de Belleperche constitue la page la plus importante peut-être de l'histoire du droit français.

FRAGMENT D'UNE REPETITIO (FOL. 215 R°, COL. 1. — FOL. 216 R°, COL. 1). — Ce fragment présente la fin d'une *repetitio* sur la l. 24. D. *de neg.g*.3, 5 faite par Hermannus de Blistam. Il contient la discussion de cinq questions de droit (61) introduites uniformément par le mot *quero* (62). Ces questions de droit qu'il était coutume de discuter dans la partie finale de la leçon portent, dans le langage de l'Ecole, le nom de *questiones* (63). Des différences assez notables les séparent

---

(59) Ceci n'est pas tout à fait exact. De même que les clercs ont enrichi, dès cette époque la *lingua rustica* d'un nombre respectable de mots pris au latin grammatical, de même ils ont dû communiquer à la pensée populaire bon nombre d'idées latines. Cf. Gaston Paris' *Journal des Savants*, 1900, p. 299, 301 sqq., 359.

(60) Cf. Gaston Paris, *Esquisse historique de la littér. fr. au M.-A.*, §§ 11, 12 (ne pas confondre avec *Littérat. française au M.-A.* du même auteur).

(61) La *repetitio* complète contenait huit *questiones*.

(62) Juxta hoc quarto quero, Juxta hoc V quero, Set quero VI, Juxta hoc VII quero, VIII quero.

(63) *Prohemium ff. secundum dominum odof. [odofredum]* ms. B. N. lat. 4489, fol. 106 v°, col. 1: De medio uideamus, et michi pro medio principaliter est tenendum uos docere prout potero fideliter et benigne et circa hoc propono talem ordinem obseruare. primo dicere [*lacunam exhibet cod.*] titulorum, secundo legum et paraforum (!) casus ponere, quarto (!) circa literam notare argumenta ad questiones de facto emergentes et subicere notabilia que uulgo brocardica appellantur. V. questiones formare et examinare, ex hiis enim erit satisfactum rudibus et prouectis. Vobis autem pro medio tria principaliter sunt tenenda

des *disputationes* appelées également *questiones*. Celles-ci, avons-nous vu, constituent des exercices scolaires où les orateurs distincts soutiennent, chacun à son tour, le pour et le contre d'une question dans le but de préparer par là les élèves à la pratique judiciaire. Le thème de la *disputatio* est une espèce concrète, parfois fictive, mais souvent empruntée à la pratique (*questio de facto*).Les*questiones*discutées dans les leçons constituent des solutions des difficultés théoriques se rattachant plus ou moins étroitement au texte expliqué. Le point commun aux deux genres est que la question doit être douteuse. Mais tandis que c'est une question embarrassante de théorie qu'on tranche dans la leçon, on donne pour objet d'une *disputatio* une espèce, un cas particulier présentant des difficultés. Sans doute, le caractère embarrassant d'une espèce implique toujours une difficulté théorique, et d'autre part on peut trouver des exemples de *questiones* magistrales (64) résolvant une difficulté théorique sous la forme d'une discussion pourtant sur un cas concret (65). On conçoit d'ailleurs très bien

rel. — Préface attribuée par Savigny à Odofredus. ms. B. N. lat. 4489, fol. 102 r°, col. 1 : Restat ut de medio uideamus, et quidem unum est tenendum michi pro medio et aliud uobis. nam michi pro medio est tenendum uos docere fideliter et benigne, circa quam doctrinam talis ordo consueuit seruari ab antiquis doctoribus et modernis et specialiter a domino meo, quem modum ego seruabo. primo enim uobis dicam summas cuiusque tituli antequam accedam ad literam. secundo ponam bene et distincte et in terminis ut melius potero (secundum)casus singularium legum. tercio legam literam corrigendi causa. quarto [*fol.* 102 *r°*, *col.* 2] uerbis breuibus casum reiertertabo (!). quinto soluam contraria generalia que uulgariter nuncupantur brocardica et distincciones et questiones subtiles et utiles cum solucionibus addendo,prout michi diuina prouidencia ministrabit. et si aliqua lex repeticione digna fuerit ratione fame uel difficultatis eam serotine repeticioni reseruabo, nam ad minus bis in anno disputabo scilicet semel ante natale semel ante pascham *rel.* Cf. *Materia ad pandectam* (!) *secundum Jo.* [*Johannem* d'Ablaing : *Hugolinum* Savigny] n° 3 (à la suite de la Somme d'Azo éd. Lyon 1530, fol. 297 r°, col. 2): Modus in legendo quem obseruare consueuimus quadripartito progressu quasi quibusdam quatuor mentis (!) et terminis distinguitur : primo casum simpliciter et aude (!) ponimus. secundo contraria assignamus : et solutiones adhibemus. tertio argumenta ad cau sas de facto annotamus que loci generales uel generalia : uel uulgariter brocarda appellantur. Ad ultimum questiones mouere et discutere consulimus uel statim in lectione : uel in vesperis pro sui difficultate proxiliori (!) disputationi reseruando differendo *rel.*

(64) Je demande la permission d'appeler ainsi *breuitatis causa* les *questiones* agitées dans les leçons.

(65) On en trouvera des exemples dans les *Questiones super Inforciato* publiées par M. Fitting dans la *Nour. rev. hist.*, 1905, p. 734 sq. J'estime que les *questiones* portant ce titre sont des *questiones* magistrales et non des *disputationes*. La preuve en est dans cette

qu'à ce point de vue les limites entre les deux genres n'aient rien
d'absolu. Quels que soient les usages et les habitudes d'une époque,
la forme donnée aux différents genres d'enseignement ne varie-t-elle
pas avec les maîtres ? En principe cependant, la différence que je
viens d'indiquer entre les *questiones* discutées dans les leçons et les
disputationes est suffisamment caractéristique pour pouvoir servir à
distinguer les deux genres (66).

Une autre différence entre la *disputatio* et la *questio* magistrale
consiste en ce que la première suppose nécessairement le concours
actif de deux personnes au moins, alors que la seconde, étant une
partie intégrante du cours, constitué, en principe, l'œuvre d'une
seule personne. En principe seulement, car en fait les *questiones*
agitées dans les leçons dégénèrent souvent en discussions entre le
maître et ses auditeurs.Ceci n'arrivait guère dans les leçons du matin.
·Mais dans les leçons du soir, où l'on avait coutume d'interrompre le
maître en lui posant des questions ou en lui faisant des objections, la
questio magistrale se transformait vite en débat (67).Il semble même
que ce fut la règle pour les *repetitiones*. Odofredus (attribution de
Savigny) en parlant des *repetitiones* se sert du mot *disputare* ce qui ne
peut s'expliquer que par la particularité qui vient d'être indiquée (68).
La similitude était d'autant plus grande que·le maître dut sou-

circonstance qu'elles sont posées à propos des lois déterminées (*super lege prima, super
eadem lege*). M. Fitting avait remarqué les différences qui séparent ces *questiones* des *questiones disp. Andegauis* (*loc. cit.* p. 719). Il semble cependant les considérer comme des
disputationes. Si les *quest. s. Infor.* ont été copiées sur un ms. de l'Infortiat couvert de
notes marginales, il faut supposer que la qu. I. y avait été insérée par erreur : elle semble
se rapporter non à la l. 1. D. 24, 3, mais à une loi du ff. novum (l. 1. D. 39, 3?)

(66) Je m'attache à relever les différences séparant les *disputationes* des *questiones* magistrales,car la confusion entre les deux genres est fréquente.J'en ai cité un exemple dans
la note précédente. En voici deux autres. M. le Doyen Caillemer, *Mémoires de l'Académie
de Caen*, 1879, a vu à tort des *disputationes* dans les notes marginales de son ms. du Di-
geste.Ces notes semblent provenir de sources diverses. Les unes sont empruntées à des
collections bolonaises (p. 430 *Si rufiano coniugata* cf. Collect. Paris, n° 13, éd. Palmieri·
Bibl. iur. med. aevi I, p. 178); d'autres sont sans doute des extraits de *lecture* où l'on avait
cité soit des *disputationes* italiennes soit des procès. D'autres enfin sont des *questiones*
magistrales. Aucun des textes publiés par M. E. Caillemer ne me semble résumer de première main des *disputationes*. — Le texte publié par M. Landsberg, *Questiones des Azo*
n° XVI est également une *questio* magistrale.

(67) Savigny III, § 204 *in fi*.

(68) Voy. le texte publié *supra* note 63. Cf. Savigny III, § 100 note *c*.

vent employer, dans sa démonstration, la méthode *pro* et *contra*, très en faveur au moyen-âge pour la résolution des questions tant soit peu embarassantes. Si un élève reprenait pour son compte, ce procédé, l'analogie avec la *disputatio* devait être presque complète.

Si les *questiones* agitées dnas les *repetitiones* prenaient fréquemment la forme d'une discussion entre le maitre et les élèves, il arrivait cependant que la *questio* gardât la forme du discours du maitre seul. Notre fragment semble en fournir un exemple. Pour la première et la dernière *questiones* (*IV° VIII°quero*)il ne saurait y avoir aucun doute à cet égard. En effet, la *questio* introduite par les mots *Juxta hoc IV° quero* se borne à signaler une *contrarietas* sans même essayer de la résoudre. Dans la *questio* finale les mots *glosa dicit... Dominus Ja. dicit et ego teneo... posses respondere,... respondes ad argumentum* qui marquent les différentes étapes de l'argumentation excluent l'idée d'un débat contradictoire. Il en est de même du passage commençant· par les mots *Juxta hoc VII° quero*. La mention *magister Guido de Caritate qui tunc erat baccalarius* prouve que le futur évêque de Soissons n'a pas pris part à la *repetitio* : Hermannus de Blistam rapporte ici une discussion ayant au lieu antérieurement entre Gui de la Charité et Jacques de Révigny. Pour le passage *Set quero VI°* on arrive encore à la même conclusion. Les mots *Quid ergo dicemus ? Breviter distinguo* qui se lisent à la suite de l'exposé de l'argument *contra* ne s'expliqueraient pas très bien au cas où celui-ci eût été proposé par un adversaire. Enfin la phrase *Dominus Ja. dicit oppositum. Si non intellexistis thema, non intellixistis alia. Dicit ergo dominus Ja...* prouve qu'il s'agit d'une citation et non d'une opposititon effective de la part de Jacques de Révigny.

En ce qui concerne les sujets des *questiones* agitées dans notre fragment, il y a peu de choses à dire. On y discute des controverses assez connues, dont quelques-unes remontent assez haut dans le passé. Voici quelques textes inédits destinés à compléter les références indiquées en note (69).

(69) Acc. glo. *non adquiritur* et *suam faccre* in l. 24. D. 3, 5. Acc. glo. *michi dedisset* in l. 34; § 7. D. 46, 3. Acc. glo. *debitoris* in l. 38. D. eod.; Acc. glo. iu l. 9. C. 2, 19.; Jean de Blanot, *Traité des libelles*, rubr. *quae sunt genera negot. gest.* dans *De actionibu· tractatus*, Lyon 1568, fol. 274 v°, col. 2, milieu : Cinus in l. 9. C. 2, 19, n° 2, éd. Francfort 1578. f. 86 v°.

Az. GLO.IN L.24 (?) (70) D. DE NEG. G. 3, 5.; MS LAT. B. N. 4451, FOL. 32 R⁰.

§ Set ego quero, an eo ipso quod ratum habet statim sibi queratur dominium uel possessio uel usucapiendi condictio ? Respondeo : ita, ut lex ista aperte dicit et quia ratihabitio retro trahitur et m ndato conparatur et per procuratorem talia acquiruntur, vt. C. ad Mac. l. ult. [l. 7. C. 4, 28] et infra de reg. iur. l. hoc iure § deiecit [l. 194 (150) § 2] et infra de acquir. pos. possessio quoque § et possessio [l. 49 § 2. D. 41,2]. az.

Az. GLO. S. V⁰ RATUM HABENDO L. 24 (23) D. EOD.; MS. CIT. LOC. CIT.

§ Set cuius est antequam dominus ratum habeat ? Responde : tradentis, vt infra de ui ar. l. cum fundum [l. 18, D. 43, 16]. az.

HUGOLINI GLO. S. V⁰ NEGOTIORUM GESTORUM ACTIONEM L. 6 § 10 (5 § 12) D. EOD.; MS. LAT. B. N. 4461, FOL. 41 R⁰.

§ Dubitatur unde oriatur hec actio, et opinantur quidam, quod ex ipsa ratihabitione non ex pristina exactione. et secus in accione pro socio, jtem tutele, que oriuntur ex ueteri contractu uel quasi demum finita tutela uel societate, sicut et ex contractu do ut des demum secuta ex datione oritur accio. h.

HUGOL. GLO. AD L. 24 (23) (?) (71) D. EOD.; MS. CIT. FOL. 43 R⁰.

§ Quare (!) numquid ipsa ratihabitione statim adquiratur ei *possessio* [*ms, peti?*] et dominium ? quod bene amittimus (!), nam bene concedimus per liberam personam, puta per procuratorem, adquiri nobis possessionem et proprietatem, vt C. de acquir. pos. per procuratorem [l. 8. C. 7, 32], licet quidam contra sentiant. Si queras cuius interim sit proprietas, forte remansit debitoris ar. jnfra de ui et ui ar. cum fundum [l. 18. D. 43, 16]. Quomodo ergo postea transit dominium ad creditorem, cum nec debitor nec gestor id agat ? Responde : ratihabitione fingitur que trahitur retro, ac si a principio fuisset ei adquisitum. Contra : ar. jnfra rem ratam haberi l. plt. [l. 24. D. 46, 8], cui respondeo, quia uidetur ibi bonorum possessionem repudiasse qui per totum tempus, quo peti potuit, tacuit et illo ellapso ratum habuit quod alius petiit; unde non trahitur casu(s) illo retro ratihabitio. Uel forte nullius est interim h.

---

(70) Le signe de renvoi n'a pu être retrouvé.

(71) Même observation que dans la note précédente.

LECTURA (?) ATTRIBUEE PAR SAVIGNY, PROBABLEMENT A TORT, A ROFFREDUS., IN L. 9. C. DE NEG. G. 2, 19; MS. LAT. B. N. 4546, FOL. 29 v°, COL. 1.

Si peccunia (!) etc. Idem esset, si a non debitor[e] pecuniam exegisset et tu ratum habuisse*s* [*ms.* habuisset], vt ff. e. l. si pupilli § item queritur [l. .6 §9 (5 §11). D. 3, 5]. Set antequam ratvm habeas queritur cuius sit peccunia, utrum eius qui nomine tuo exegit an debitoris qui soluit ? Responde : pecunia debitori remanet, vt ff. de cond. ind. l. dominus [l. 53. D. 12,6], set me ratum habente inuito eo *mea* [*ms.* mand'.] lit., et (!) ff. e. si ego [l. 24 (23) D. cit.]. Queritur ergo, si ratum habea*s* [*ms.* habeam] cum a non debitor[e] pecuniam exegisset, tu quidem negotiorum gestorum actionem habes qui negotium nomine tuo gestum ratum potuisti facere, vt in lege predicta, et si tu et uero qui exegit sciuistis eum non debitorem esse, [*an*] gestor negotiorum gestorum furti tenebitur et tu dum ratum habes, vt ff. [*litteram e expunctam exhibet hic cod.*] de furt. l. si uendidero § si Titius [l. 80 (81) § 5. D. 47, 2] furta (!) condicio aduersus solum gestorem erit, quia necesse habet terminorum ??. dominus, si te conueniat condicione indebiti [*locum corruptum emendare haud scio*], vt in predicta lege. R. (72).

LECTURA DE JACQUES DE REVIGNY IN L. 9. C. 2, 19; *ms.* V. f° 277 v°, COL. 1.

Set opponitur ad legem istam et uidetur, quod non habeat locum actio negotiorum gestorum, set ratihabitio mandato comparatur et retrotrahitur unde opponitur de lege jnfra ad Maced , l. ult. [l. .7. C. 4 28]. Dicendum : ratihabitio comparatur mandato, verum est, set non per omnia, non enim parificantur in titulo actionis, quia ex mandato oritur mandati, ex ratihabitione non. Set opponitur specialius et contra legem et contra solutionem. Dicit lex : fideiussisti pro me, ratum habeo, competit tibi [*corr. interl., lect. prim. expun.* michi] actio mandati ff. de reg. iuris l. propter (!) qui non prohibet [l. 60]. Glosa residet in ista [*Acc. glo semper in.* l. 60 *cit.*]: loquitur hic, vbi ratihabitio sequitur ; cum non precessisset uoluntas, ratum habuisti ; lex contraria loquitur vbi precessit uoluntas, ratum habuisti : mandaui tibi, ut gereres negotia mea ; tu renuisti gerere ; recedo indignatus ; tu videns hoc gesisti (!) ; ratum habeo ; tunc habet locum mandati et sic loquitur lex contraria. Hoc est

____

(72) C'est ainsi que ce sigle avait été interprété par Savigny. Je serais porté à lire **h'** et voir dans l'ouvrage conservé dans ce ms. l'apparatus de **Hugolinus**. Je donnerai ailleurs la démonstration paléographique de cette leçon et les raisons de cette attribution.

diuinare. Dico lex illa loquitur, vbi ratum habitum est inter presentes.
Vnde ibi oritur mandati. set non ex ratihabitione: fideiussisti pro me me
presente et taceo, uideor mandare et oritur mandati ex tacito mandato,
et multo fortius, si ratum habeo. Unde loquitur lex illa. vbi ratum habitum est inter presentes, vnde et sine ratihabitione ageretur mandati ex
tacito mandato et est speciale in illa specie [mandati *expunctis litteris*]
negotij scilicet fideiussionis, quia tacite uideor mandare, ut ff. man. l. qui
fide et l. qui patitur [l 53; l. 18. D. 17,1].

Super lege ista glosa [*Acc glo actionem*] mouet questionem : exegisti
debitores meos, ratum habeo; unde oritur actio negotiorum gestorum?
Dicit glosa ex ratihabitione, non ex precedenti gestione; nec inducit
legem aliquam, quia lex ista uidetur hoc dicere, unde glosa inducit dissimilia. Actio tutele, dicit glosa, finita tutela nascitur, set non ex fictione, set ex precedenti gestione; sic et actio pro socio. ut ff. de tutel. et
ra. dis. l. [*si*] tutor in fi. [l. 13. D. 27, 3] et jnfra pro socio l. tamdiu
[l. 5. C. 4, 37]. Unde inducit glosa dissimilia et non similia. Fgo dico
contrarium. quod nascitur ex gestione propter ratihabitionem, vnde ex
quasi contractu gestionis oritur actio negotiorum gestorum, ut inst. ex
quasi contractu, circa prin. § [§1. J. 3, 27]. Dices, que utilitas ? Dicendum ex contractu uel quasi contractu sortitur quis forum. Exegisti
debitores meos Rome, habeo hic ratum; per sententiam glose hic sortitur forum, secundum alios Rome, ut ff. de iud. l. omnem [l. 20. D.
5, 1]. Oritur ergo ex gestione. An ergo demum secuta ratihabitione uel
ante [*ms.* quando *abbreu.*] ? Dicunt quidam demum secuta ratihabitlone,
vt hic. Dico, quod imo quam cito gestum est, si efficaciam habet secuta
ratihabitione. Et hoc probo sic. Dicit lex : exegisti debitores meos, non
habeo ratum, extinguitur seu finitur actio negotiorum gestorum, ergo fuit
nata ante ratihabitionem ut ff. de sol. l. dispensatorem in fi. [l. 62. D. 46, 3].

A ces textes je joins, à cause de la rareté des éditions, les passages
suivants d'Odofredus.

Sur la l. 24. D. 3, 5. Ed. Lyon, 1550, fol. 139 r°, col. 1. Or
signori super l. ista subijciam duas questiones et vnam tangit hic dominus Azo. sed non ita est plenum vt dicam. aliam non tangit nec
etiam glose nostre eam tangunt vos habetis in l. ista si sum debitor tuus
in. X. si soluo gestori tuo nomine tuo recipienti : quod non queritur tibi
possessio nec proprietas antequam scias et ratum habeas. Or queritur
hic cuius interim erit pecunia ista id est antequam ratum habeam : an
soluentis et sic mei debitoris an accipientis et sic tui creditoris. Dixerunt
Jo. et Azo. et ita scripserunt hic quod interim antequam ratum habeam
pecunia est soluens (!) : et sic mei debitoris vt arg. infra de vi et vi. ar. l.

cum fundus et **infra** de fur. l. falsus § j. sed me postea ratum habente fingor retro habuisse ac si a principio fuisset mihi quesitu : quia ratihabitio retrotrahitur et mandato comparatur vt. C. ad mace. l. vl. et C. de dona inter vi. et vxo. l. donationes cum suis similibus : non obstat dicit Azo. infra rem **ratam** hab. l. vl. et. infra quis or. in bo. pos. ser. l. vl. vbi dicitur quod ratihabitio retro non trahitur nec mandato comparatur : quia ibi erat aliquid ratum habendum infra certum tempus scilicet anni vel. C. dierum si post tantum tempus habuit ratum illa ratihabitio non trahitur retro : quia ex quo tanto tempore tacuit quo potuit petere bonorum possessionem et non petijt videtur repudiasse : sed certe salua autoritate sua non video quid hoc facit ad id quod infra dicam. Alii voluerunt dicere quod interim antequam ratum habeam proprietas [*fol.* 139 r° *col.* 2] et possessio est accipientis ar. infra de dona. l. hoc iure § si quis. et ar. **infra** de acqui. poss. l. fundi § si amicus. Sed ego in questione ista ita distinguo vt consueui distinguere : si debeo tibi. X. et soluo gestori tuo si **trado** ei ea mente quod fiat pecunia gestoris et a me abijcere (!) possessionem et proprietatem interim erit possessio et proprietas ipsius gestoris. Set si nolui abdicare a me proprietatem set possessionem tantum vt traderet creditori interim est proprietas mei debitoris vt infra de donat l. ij. §. sed si quis. et. infra de acquiren. pos. l. quod meo § si a furioso. et. l. si me. in dubio autem presumemus quod non voluerim a me proprietatem abdicare vt. ar. infra de proba. l. cum de indebito. in prin. sed postquam ratum habeo transit inde dominium vt hic dicitur. Set denuo quero ita : ponamus tu vendidisti aliquam rem mobilem vel immobilem et ego solui tibi precium postea tu rem illam tradis gerenti negotia mea sine mandato meo : et me ignorante gestor meus antequam facta et ratum habeam eiectus est per vim de possessione illius rei : eo deiecto cepi scire quod tu ei tradidisti ratum habui quod ei tradideris. nunquid ex ista ratihabitione queritur mihi proprietas et possessio. hec questio videtur insolubilis : et videtur quod sicut non possum mandare venditori vt eam ei tradat quia iam desierat esse dominus et posset (!) tradere : ita per ratihabitionem istam non videtur mihi queri proprietas vel possessio. ar. legum que dicunt quod si bonorum possessio mihi delata petatur per gestorem infra annum vel. C. dies quod possum habere ratum sed si post annum vel. C. dies petatur per gestorem non possum habere ratum : vt infra rem ra. ha. l. pe. et infra quis or. in pos. ser. l. vlti. econtra videtur quod mihi queratur possessio et dominium quia retro fingitur mihi quesitum : et quia ratihabitio retrotrahitur et mandato comparatur vt. C. ad mace. l. vl. et infra de solu. l. vero procuratori. sed dicet aliquis que vtilitas est in questione ista certe est vtilitas quia si ex ista ratihabitione queritur possessio et dominium hoc casu dabitur mihi contra de-

iectorem sine cessione interdictum vnde vi : vel vi bo. rap. quasi ego ipse
fuerim deiectus ar. huius l. quia ratihabitio etc. vt. supra dixi. si autem
ex ista ratihabitione dicas quod mihi non queritur dominium ne (!)
possessio non dabitur mihi hoc casu interdictum vnde vi. ar. preallegate
legis. sed in questione ista dicimus quod si tu vendidisti mihi rem mobilem
vel immobilem et solui tibi precium et tu postea rem illam tradis gerenti
negocia mea sine mandato me ignorante quamdiu possessio est apud eum
si ratum habeo queritur mihi possessio et dominium et si ipse postquam
ratum habui deijceretur ego ipse videor deiectus et habeo interdictum vnde
vi sine cessione. ar. huius legis que dicit quod retro videtur mihi proprietas
et possessio quesita : et quasi (!) ratihabitio etc. vt. supra dixi et quia videor
deiectus ar. infra de vi et vi. ar. l. j.§ quoties. set si gestore deiecto de
possessione illius rei non queritur mihi possessio et proprietas si ratum
habui : non habeo interdictum vnde vi ar. preallegatarum legum infra rem
ra. ha. et quis or. in bo. pos. ser. similiter dicit lex si fertur sententia
contra me et aliquis appellat pro me infra tempus statutum ad appellandum possum habere ratum et prodest mihi ; sed si aliquis appellat pro me
post tempus statutum ad appellandum et ratum habui non prodest mihi.
vt infra de ap. re. vel non. l. j. preterea per ratihabitionem potuit mihi
queri dominium et liberationem tibi induci. licet possessio mihi non
queratur quia dominium sine possessione queritur. vt. infra de fundo
do. l. si fundum quem titius pos.

Sur la l. 6§9 (5§11). D. 3, 5., ed. Lyon. 1550, fol. 129 v°, col. 2.
Or signori, super § isto formatur talis questio : querit hic Joan. et Azo.
vnde nascitur hec actio negociorum gestorum. Respondent ipsi ex ratihabitione non ex pristina exactione. vt hic. et C. eo. l. si pecuniam. *rel.* sed
certe salua autoritate dominorum Joan. et Azo. dico quod hec actio
negociorum gestorum nascitur ex precedenti gestione. secuta postea ratihabitione *rel.* sed dicet mihi aliquis vestrum que utilitas est in hoc.
Respondeo. ostendo vtilitatem in hoc esse posse : pone mercator floren-
tinus accipit pecuniam tuo nomine in nundinis florentie cum est (!)
bononie si habeas ratum poteris conueniri florentie (!) tantum vbi con-
traxisti quia habes ibi ratum secundum opinionem dominorum Jo. et
Azo. et non alibi : sed si vera est mea opinio in nundinis florentie poteris
conueniri : quia ibi tecum quasi contractum videtur : quia ex ipsa
gestione oritur actio negotiorum gestorum et alibi vbicunque inueniaris.

TEXTES

L'orthographe du ms. est conservée, sauf la ponctuation. Toutefois la distinction entre t et c étant très délicate dans le ms., on s'est référé partout, à cet égard, à l'orthographe usuelle. De même l'emploi de majuscules et de minuscules n'est pas celui du ms. — Les mentions marginales sont imprimées en c a r a c t è r e s e s p a c é s. Les suppressions nécessaires sont indiquées par les parenthèses (). Les lettres et les mots intercalés par l'éditeur sont imprimés en *caractères italiques* et mis entre crochets []. Les corrections, imprimées également en *italiques*, sont accompagnées en note de leçons manuscrites. Seules les particularités orthographiques propres au ms. 4488 sont expliquées. La division en alinéas est l'œuvre de l'éditeur. Le signe de division (sorte de D renversé) est rendu par deux traits verticaux ||. Le système de ponctuation suivi dans cette édition ne se rattache pas à celui des éditeurs des textes classiques; il n'a pour but que de rendre clair le sens du texte.

A. DISPUTATIONES.

qu .I   1 — [*fol.* 186. *v°* 2, *c. m.*] hic finitur lectura legum C. de ca. toll. (1). — q u e s t i o d e t e r m i n a t a (2) Consuetudo est in ecclesia, quod canonicus existens presens in uesperis lucratur et percipit distributiones tam uesperarum illarum quam matutinarum sequen-
5 tium uesperas illas. ||. Jtem alia est consuetudo in illa eadem ecclesia, quod si canonicus sit minutus, quod ipse percipiet (!) distributiones, sicut ,si ipse fuisset presens in uesperis. ||. Hoc supposito, quidam canonicus fuit minutus, propter hoc uult habere distributiones uesperarum illius diei et matutinarum, tanquam si fuisset presens in ues-
10 peris. Queritur quid iuris.

||. Primo arguit dominus Petrus Deroicus, quod minutus non habeat distributiones matutinarum et hoc sic. Primo suppono, quod duplex

(1) hic finitur lectura legum C. de ca. toll.] *in marg. int.*
(2) questio determinata] *in marg. exter.*

1 modus percipiendi distributiones in ecclesia reperitur : naturalis et
ciuilis. Naturalis est modus, cum in eo, quod deseruit, in eo percipit,
ar. ff. de reg. i. l. secundum naturam [l. 10]; ciuilis est illa uel ille
modus, quando quis percipit non ex servitio, set ex priuilegio uel con-
5 suetudine, ar. inst. de iur. na. gen. et ci. § constat, circa fi. [= § 6.
I. 1, 2]. Sicut est duplex modus percipiendi distributiones, scilicet
naturalis et ciuilis, ita duplex est modus deueniendi ad legitimam etatem : naturalem scilicet per lapsum temporis; jtem ciulem, que habe-
tur(1) per priuilegium principis, ut si quis inpetret ueniam etatis a
10 principe. ||.. Pone ergo : testator legauit [*fol.* 187. *r°* 1] minori, cum
esset perfecte etatis: iste minor inpetrauut (!) ueniam etatis et sic deue-
nit ad legitimam etatem per ciuilem modum. Nunquid habebit legatum ?
Lex dicit, quod non inspicitur ciuilis modus deueniendi ad legitimam
etatem, *sel* (2) naturalis tantum. Ergo in proposito, cum consuetudo
15 dictet, quod percipiat distributiones, ac si fuisset presens in uesperis.
intelligendum erit de naturali modo percipiendi tantum, scilicet quod
percipiat, sicut percepisset propter seruitium et non propter consuetudinem. Si fuisset presens in uesperis, ratione seruitii percipisset
tantum modo distributiones uesperarum. Ergo et hic ar. C. de hi's
20 qui ue. e. inpe. l. ult. [l. 4. C. 2, 44 (45)], ff. de leg. *II* (3). l. si ita
quis(in)testamento § ult. et [*ff. de uer.ob.*] l. ex ea parte[l. 51 § 1 D. 31;
l. 121 § 2 D. 45,1j, ff. de leg. III. l. fideiconmissi (!) § si cui ita fu. (4)
[l. 11 § 11 D. 32].
Quod minutus habeat distributiones matutinarum, (||) idem Petrus
25 arguit sic. Nam dictum de naturali modo extenditur ad ciuilem. Vnde
pone : prohibetur, ne filius conueniat patrem sine *uenia* (5); istud
dictum est de filio naturali; nunquid habet locum in filio ciuili, scilicet
per adoptionem ? Lex dicit quod sic. Ergo in proposito consuetudo
dat minuto distributiones, sicut fuisset presens in uesperis; istud
30 « sicut » extendetur non solum ad naturalem modum percipiendi,
scilicet propter seruitium, set etiam ad ciuilem, scilicet per consuetudinem, et sic habebat (!) distributiones matutinarum, ar. ad hoc ff.
de in ius vo. l. adopti [l. 8. D. 2, 4].
||. Sequitur determinatio facta a domino Hermano de Blistam.
35 Primo ostendo, quod minutus habeat distributiones matutinarum.

---

(1) habetur] *leçon douteuse.*

(2) *sel*] *ms.* .s. (= scilicet).

(3) leg. *II*] *ms.* leg. et. i.

(4) *Cette loi fournirait plutôt un argument en sens contraire. Petrus Deroicus a dû confondre cette loi avec la l. fideiconmissum. D. de cond. et demon.* (l. 76. D. 35, 1).

(5) *uenia*] *ms.* mensa (*abrégé;* m *avec un tilde.* s, a,)

1 Et primo suppono, quod sicut in iure scripto proceditur de similibus
ad similia (1), ita in iure non scripto, scilicet in consuetudine, ut ff.
de leg. 1. de quibus[1. 32. D.1.3].(|| tunc arguo) || . Tunc arguo : si de
iure scripto existens in uesperis perciperet distributiones sequentium
5 *matutinarum* (2), et postea lex concederet, quod minutus haberet distributiones, ac si esset presens in uesperis, illa lex extenderetur ad distributiones matitinarum (!). Ergo a simili dicendum est in consuetudine.
Nam consuetudo una dictat, quod canonicus existens in uesperis habet
distributiones sequentium matutinarum, et alia consuetudo dictat,
10 quod minutus percipiebat, sicut si fuisset in uesperis ; per consequens
ista consuetudo extenditur ad distributiones matutinas. Et bene
dico, quod sit consuetudo hic et non ius scriptum. Verum est quod in
prima consuetudine est reperire ius scriptum, scilicet in eo quod existens in uesperis habet distributiones uesperarum ; *set* (3) pro eo quod
15 habet distributionem matutinarum sequentium, est consuetudo et ius
non scriptum, quia secundum ius scriptum ille debet percipere distributiones qui *ecclesiam* (4) deseruit, item nec ultra quam deseruiat. Quod
de iure non scripto, quod distributiones habeat uesperarum qui in
communibus non deseruit [*fol.* 187. *r*o 2] uel matutinarum, *ar.* (5) ad
20 hoc C. de ep. et cleri. l. generaliter [l. 51 (52). C. 1, 3] C. de rest. mili.
l. ult. [l. S. C. 2,50 (51)] et aut. de cleri. res (!) ab of., circa prin. coll.V
[coll. V, 10 = Nov. 57.]. || . Jtem ad idem. Sicut enim existens in
uesperis percipit distributiones matutinarum, ita filius emancipatus
institutus a patre non habet bonorum possessionem contra tabulas,
25 ut ff. de bo. pos. contra ta. l. I et l. si quis post emancipationem § liberi
qui instituti (!) [l. 1; l. 3 §10. D.37, 4.]. || . Jtem sicut minutus debet
percipere sicut existens in uesperis distributiones, ita filius emancipatus preteritus habet contra tabulas de equitate pretoris, qui cum
recongnouit (6), cum ius ciuile emancipatos non congnoscat, set tan-
30 tum illos, qui sunt in potestate, qui iubentur uel institui uel exheredari,
alias iure ciuili non valet testamentum, inst. de lib. § ult. (7) [= § 7.
I. 2, 13 ?] ; set pretorium ius emancipatos recongnoscit et preteritis

(1) similia] *ms.* simil'ia.

(2) *matutinarum*] *ms.* uesperarum.

(3) *set*] *ms.* si.

(4) *ecclesiam*] *ms.* ecclesie non (*abrégé, deux mots.*)

(5) *ar.*] *ms.* al'. (= alias).

(6) recongnouit] *On rencontrera plus loin d'autres exemples de cette notation conforme
à l'orthographe du français médiéval.*

(7) *On aurait mieux fait d'alléguer pr. I. 2, 13.*

1 dat (in) bonorum possessionem contra tabulas, ut ff. de bo. pos. contra
ta. l. non tantum, in prin. [l. 3. D. 37. 4] . ||. Hijs suppositis arguo :
lex dicit, si ille, qui habebat duos liberos emancipatos, unum instituit
et alium pretereat, ille, qui preteritus est. admittitur ad bonorum
5 possessionem contra tabulas; set nunquid alius institutus ? Lex dicit
quod sic. Vnde licet institutus ex se non habet bonorum possessionem,
illa(m) tamen, edicto aperto ab alio fratre, extenditur ad istum institutum. Ergo in proposito, licet illa consuetudo, (sit) quod minutus
perciperet ut existens in uesperis, de se non operaretur. ut propter
10 hoc perciperet distributiones matutinarum, tamen illa consuetudo,
que habet locum etiam in matutinis, extenditur ad hanc et sic conperit viam. Pro hoc induco ff. de bo. pos. contra ta. l. si post mortem
§ ult. [l. 10 § 6. D. 37, 4] ||. Pro hoc etiam induco aliam legem. Nam
lex dicit. quod, si pater plures filios habet naturales et uocet eos filios
15 suos et in instrumento confiteatur unum de illis filium suum seu confiteatur filium, ille erit legitimus. Set nunquid alij erunt legitimi de
quibus non confitetur ? Lex dicit quod sic; vnde legitimatio unius
extenditur ad alios. ||. Ergo a simili hec consuetudo, que dicit. quod exis-
tens in uesperis percipiat distributiones matutinarum, extenditur
20 ad aliam consuetudinem. quia sicut consuetudo prima dat perceptio-
nem uesperarum et matutinarum, ita nominatio et confessio in ins-
trumento publico facit filios naturales legitimos. ||. Jtem sicut con-
suetudo de minuto simpliciter loquitur et per se non extenderetur ad
matutinas, sic nominatio sola non facit legitimos naturales. Tamen
25 confessio [fol. 187 v° 1] conpetens in uno extenditur ad alios; sic
eodem modo consuetudo contenta in uesperis extenditur ad aliam.
Pro hoc induco aut. ut li. ma. et a. § ad hoc. coll. VIIJ. [coll. VIII,
13 c. 2 = Nov. 117]. ||. Preterea hoc dicit questio, quia hic dicitur, quod
minutus (1) debet habere distributiones matutinarum; (ergo et hic ad
30 idem) [set] (2), vbi quis (3) ex iusta causa abest, idem debet consequi
quod consequeretur presens. Tunc arguo : si presens fuisset, conseque-
retur distributiones matutinarum, ergo et hic. ||. Ad idem : vbi quis (4)
ex iusta causa abest (5), cum permittente consuetudine absit, (6) ar. ff.

(1) minutus] *Il faut corriger : presens in uesperis. La méprise est évidente.*

(2) *Après avoir transcrit* matutinarum *le scribe s'était trompé de ligne en sautant à
la ligne 10 où ce mot figure également. Il s'en est ensuite aperçu, mais il a oublié d'ex-
ponctuer les mots mis ici entre parenthèses et de transcrire le mot* [set] *qui devait figu-
rer dans l'exemplar.*

(3) quis] *ms.* quid.

(4) quis] *ms.* quid.

(5) abest] *ms.* adest.

(6) *Il faut supposer ici une lacune.*

1 de ac.-pos.l. iuste possidet [l. 11. D. 41, 2] ; ergo debet habere distributiones matutinarum. Et quia iuste absens debet idem consequi,
quod consequeretur presens, probatur : (‖) testator legauit uxori,
cum esset cum liberis ; ex iusta causa discessit a liberis ; dicit lex
5 quod habebit legatum, ac si fuisset cum liberis, ff. de con. et de. l.
si quis ita legauerit et l. item (!) libertis [l. 8; l. 84. D. 35, 1], ff. de
leg. II J.l. qui concubinam §uxori mee [= l. 30 § 5. D. 32] et ff. ex qui.
qui. ca.ma. l. Iulianus § ult. et si qui stipulatus [l. 17 § 1, l. 43. D. 4, 6].
‖ . E contra, quod minutus non habeat distributiones matutinarum,
10 probo sic. Certum est, quod illas non potest habere, nisi consuetudo,
que loquitur in uesperis, extenditur ad istam, que loquitur de minuto.
Set illa non debet extendi ad istam quantum ad matutinas; ergo uir-
tute illius consuetudinis non debet habere distributiones matutinarum minutus. ‖ . Et quod prima consuetudo ad secundam non refe-
15 ratur quantum ad matutinas, probo. Illa, que contra iuris comunis
rationem statuta sunt, in simili casu non sunt excipienda, ut ff. de
leg. et se. con. et lon. con. l. quod uero contra rationem [l. 14. D. 1, 3].
Set ista consuetudo quantum ad matutinas est contra rationem iuris
comunis, quia dat distributiones matutinarum illi, qui non fuit in
20 matutinis set tantum in uesperis; et ideo (1) iuri contraria, quia illi
debent tantum habere distributiones in ecclesijs, qui ibi deseruiunt
et non alij; jtem secundum quod deseruiunt. Apparet igitur, quod quantum ad hoc contra iuris comunis rationem, ff. de reg. i. l. secundum
naturam [l. 10], C. de ep. et c. l. generaliter [l. 51(52). C. 1, 3] et
25 ar. ff. de reg. i. l. que de tota [= l. 80 ?]. ‖ . Jtem sicut ego uideo,
quod hic ratione prime consuetudinis percipit distributiones matutinarum, sic ego uideo alibi, quod mulier tam pro dote sua quam pro
donatione propter nuptias habet bona mariti tacite obligata, ut C.
de don. an. nup. l. si constante § I uel IJ. [l. 19 § 2. C. 5, 3]. ‖ . Jtem
30 [sicut] ex secunda consuetudine minutus percipit, sicut esset in ecclesia
in uesperis, ita uideo, quod mulier habet priuilegium in sua tacita
ypotheca dotis, ut preferatur habenti - [fol. 187 v° 2] bus tacitas
ypothecas, licet priores tempore. Nunquid istud priuilegium dotis
extenditur ad donationem propter nuptias ? Dicit lex quod non.
35 Ergo in proposito priuilegium, quod datur existenti in uesperis,
scilicet quod habeat distributiones matutinarum, non extenditur ad
minutum. Pro hoc induco legem C. qui po. in pi. ha. l. assiduis § ult.
[l. 12 § 8 (2). C. 8, 17 (18)], que posses signari pro contraria in prin.

---

(1) ideo] *Leçon douteuse à cause de la confusion entre* i *et* r *quand ils sont liés à* o (*barré au-
dessus*); **ratio**, *paléographiquement plus plausible, donne un sens moins satisfaisant.*

1 || . Ad idem : sicut ex prima consuetudine existens in uesperis percipit
distributiones matutinarum, si [c] aliquis in suo testamento potest
instituere extraneum heredem. C. de her. insti. l. extraneum [l. 9.
C. 6, 24] . || . Jtem sicut [ex] secunda debet percipere ita. sicut esset in
5 uesperis, sic maritus habet priuilegium, ut condempnetur in quan-
tum facere potest. || . Pone ergo : maritus instituit heredem extra-
neum ; nunquid ad eum transit priuilegium *ut condempnetur* (1)
in quantum facere potest ? Dicit lex quod non. Ergo non quod hic
prestatur ex prima consuetudine. scilicet quod existens [in] uesperis
10 percipiat distributiones matutinarum. extendatur ad minutum.
Pro hoc induco ff. e. l. maritum [l. 12. D. 24. 3] .

   || . Solutio. In questione ista ego tenui siue teneo, quod minutus
non habeat distributiones matutinarum, et probo primo per rationem
generalem, secundo per iura specialia. || . Ecce rationem generalem :
15 [*pone*] quod in eadem ecclesia simul et semel proceditur contra plures
et fertur contra eos sententia et subuenitur vni ex illis; si subueniatur
vni, nunquid per hoc subuenitur alijs ? Lex distinguit : aut subuenitur illi de iure comuni, aut de speciali. Si subueniatur illi de iure
comuni per appellationem, tunc *subuentum* (2) est alijs. || . Si uero
20 subueniatur iure speciali, tunc non extenditur subuentio ad alios.
ut si unus restituatur in integrum. Ergo a simili dicam hic, quod,
si existens in uesperis habeat distributiones uesperarum, e[s]t bene de
iure comuni, ar. C. de ep. et c. l. generaliter [l. 51 (52). C. 1, 3] ff de
re. iu. l. secundum naturam [l. 10]. Set quod percipiat distributiones
25 matutinarum, in quibus non fuit, est ius speciale. Et ideo dico, quod
illud, quod est de iure comuni, extendetur ad minutum, set illud,
quod est de iure speciali, non. Pro hoc induco C. si unus ex pluri.
condemp. (!) l.IJ [l. 2. C. 7, 68] et ff. de ap. l. [*si qui*] separatim [l. 10.
D. 49, 1], ad hoc in aut. de [*non*] ali. re. ec. § si uero verisimile [coll. 11,
30 1 c. 9 i. f. = Nov. 7]. || . Jtem ad hoc induco iura specialia. Sicut
ille, qui est presens in uesperis percipit distributiones matutinarum,
sic miles, [*qui*] expleuit tempus militie et honeste dimissus est. habet
inmunitatem a tutelis seu curis priuatorum, set non a tutelis filiorum
militum uel ueteranorum (3). || . Jtem sicut canonicus abest ex iusta
35 causa quandoque a sua ecclesia, ut nostra questione minutus, qui ex
consuetudine potest abesse, ita quando miles ex iusta causa abest.
[*fol.*188 *r*o 1] [*a*] tutelis conmilitonis [*excusatur*], ut propter excusationes

(1) *ut condempnetur*] *ms.* utrum dampnetur.
(2) *subuentum*] *ms.* subiectum.
(3) *ueteranorum*] *ms.* utraciorum.

1 que plures sunt, inst. de excu. tu. uel cur. [I. 1, 25.]. Tunc arguo.
|| . Miles ueteranus dimissus a militia honeste, si gessserit tutelas
duorum filiorum conmilitonis, ab alterius tutela se excusauit ex iusta
causa. Modo queritur, nunquid habeat excusationem ab alijs, ac si
5 gessisset duas tutelas, et dicit quod non. Ergo a simili, sicut ibi priuilegium, quod habet gestio duarum tutelarum non extenditur ad
tutelam non susceptam ex iusta causa, sic perceptio distributionum
in matutinis non extenditur ad minutum, qui ab ecclesia abest ex
iusta causa. Pro hoc induco ff. de excu. tu. l. set et (si) milites, in prin.
10 § I [l. 8. D. 27, 1] . || . Ad idem : sicut ex consuetudine existens cano-
nicus in uesperis percipit distributiones matutinarum, ita, si miles
facit testamentum iure militari, istud testamentum valet per annum
post reuersionem, ut inst. de tes. mi. § post missionem [§ 3. I. 2, 11] .
|| . Jtem sicut minutus debet percipere distributiones, ac si fuisset in
15 uesperis, ita tribunus, qui non est miles, *potest testari*, (1) sicut miles,
iure militari. Pone ergo : tribunus facit testamentum iure militari,
nunquid istud testamentum ualebit per annum post suam reuersionem ? Certe lex dicit quod non, vnde priuilegium militis non exten-
ditur ad tribunum. || . A simili dico hic, quod priuilegium existentis
20 in uesperis non extenditur ad minutum. Pro hoc induco leges ff.
de tes. mili. l. qui (!) constitutum et l. (quod) tribunus [l. 21; l. 20.
D. 29, 1], ff. de bo. pos. (contra ta.) mil. l. una. [l. un. D. 37. 13] .
|| . (Solutio). Respondeo ad id quod supra dixeram, quod ille, qui
ex iusta causa abest, debet idem habere, quod habuisset, si presens
25 fuisset. Solutio : verum est, quod habuisset de iure comuni, licet non
habet illud, quod ex iure speciali esset habiturus, ut ar. C. si unus
ex pluri. l. IJ [l. 2. C. 7, 68], ff. de an. le. l. Seyo amico § medico [l. 10
§ 1. D. 33, 1] et C. de hijs qui ue. e. inpe. l. ult. [l. 4. C. 2, 44 (45)] ,
quia illa, que quis iure speciali possit habere, non sunt spectantia,
30 ar. ff. de le. I.l. apud Iulianum [l. 39. D. 30.] et ff. de ver. si. l. quelibet
[?]. Ad hoc quod non inspiciatur, quod sit de iure speciali, concordat
ff. de suc. edic. l. ult. [l. 2. D. 38, 9] , vbi dicitur : si proximior bonorum possessionem agnouit restiturus punitur re [??] (2) propter etatem,
alij inferioris gradus non admittuntur, set fiscus tanquam ad bona
35 uacantia, ar. ff. de mi. l. ait pretor § set quod Papinianus, ad fi. [l. 7
§ 10. D. 4, 4], facit ad hoc ff. ad Sill. l. cum fisco [l. 9. D. 29, 5], ff.
de con. et de. l. mulieri [l. 74. D. 35, 1], set ar. contra ff. ad Tertull.
l. I § si quis adita hereditate et l. IJ § set quod in litera (¹) scripsit,

---

(1) *potest testari*] *ms.* potestati.

(2) *Ce passage est évidemment corrompu. Pour le sens, voy. la loi citée.*

1 ver. si bo. pos. accepta. [1. 1 § 11, 1. 2 § 10. D. 38, 17], facit ad hoc
ff. de bo. li. l. si patronus, in prin. [l. 2 pr. D. 38. 2].

(Questio determinata). ‖ . Determinatio domini Hermani de
[fol. 188 rº 2] Blistam. Contra me primo opponitur. Ego dixi, quod licet
5 minutus debeat percipere *ut ille* (1) qui est in uesperis, tamen non
percipiet distributiones matutinarum, quas presens in uesperis perciperet. ‖ . Contra: vbi lex fingit unum, et fingit ea que secontur ad
illud, ar. ff. de procur. l. ad rem et l. *[ad]* legatum [1.56; l. 62. D. 3. 3;
de iur. om. iu. l. IJ [l. 2. D. 2, 1] . ff. de le. l. huius *[modi]* § legatum est
10 ita [l. 84 § 10. D. 30] . Vnde dicit lex, quod lex Cornelia fingit captum
ab hostibus mortuum, cum capitur; si aliquis liber capiatur ab hostibus una cum uxore, procreet filium et post modum in illa captiuitate
decedit, fingitur filius ille, qui nunquam habuisset patrem, quia pater
suus fingitur mortuus antequam procrearetur, ar. ff. de cap. et postli.
15 re. l. I [l. 1, D. 49, 15]. Cum ergo consuetudo fingat minutum esse
presentem in uesperis, et per consequens debet fingere illud, quod sequitur ad presentiam uesperarum, scilicet perceptio distributionum matutinarum. Secundo oponitur, quod con (2) dicit, quod minutus percipiat
sicut presens in uesperis. Ista autem condicio est dubia, quia potest
20 dupliciter intelligi. Vno modo sic : sicut (3) existens in uesperis percipit duplices distributiones, ita et minutus (4). Cum ergo dubitetur
de interpretatione istius consuetudinis et alia consuetudo, ad quam
ista refertur, *certa est* (5), ad illam recurrendum est, ut ff. de le. et se.
con. et lon. con. l. si de interpretatione [l. 37. D. 1, 3] . ‖ . Ad hoc
25 faciunt iura, que dicunt rem determinari per adiunctum ff. de pe.
le. l. nam quod liquide § ult. [l. 4. § ult. D. 33, 9], uel per id cui
adiungitur ff. de usuris l. si stipulatus essem [l. 4. D. 22, 1], contra
propriam significationem ff. loca. et con. l. si uno anno in pri. [l. 15.
§ 4. D. 19, 2] cum suis concordantibus. ‖ . Tertio opponitur ad idem
30 et ostenditur, quod non solum ista consuetudo debet referri ad id,
quod presens in uesperis percipit de iure comuni, scilicet distributiones
uesperarum, ar. de ep. et cleri. l. generaliter [l. 51 (52). C. 1, 3], set
etiam ad id, quod percipit iure speciali, scilicet ad distributiones

---

(1) *ut ille*] *ms.* utile.

(2) (con) *Je serais tenté de corriger le texte en lisant : questio ; q du groupe qo surmonté d'un tilde peut être confondu avec 9 (= con) représentant la conjonction cum.*

(3) sicut] *add. marg.*

(4) minutus] *Je suppose ici une lacune due probablement à un homoioteleuton. En effet,
l'exposé d'alius modus manque.*

(5) *certa est*] *ms.* certam consue.

1 matutinarum. Et probo sic. Tantum debet operari tacitus consensus
canonicorum, quantum expressus, ff. de leg. l. de quibus [l. 32. D. 1, 3].
Set si canonici expresse consensissent minuto percipere, sicut ipse
perciperet, si esset presens in uesperis, extenderetur ad distributiones
5 matutinarum. Eodem modo vbi tacite inducendo consuetudinem per
legem (1). Induco legem. ||. Pone : miles dampnatur capite ex militari
delicto ; non poterat aliquo modo testari ; sibi concessum est, quod
possit testari : queritur nunquid ista concessio deferenda est ad ius
comune, non (2) ad ius speciale militare. || . Dicit lex, quod inmo sibi
10 conceditur ut militi ; per consequens sibi concessum intelligere debemus, quod testetur iure militari, ar. ad hoc de mili. [fol. 188 v° 1] tes.
l. ex militari dilicto § set utrum § est primus [l. 11. pr. D. 29, 1].

Solutio. Ad primum, quod dicitur, quod vbi lex fingit unum, et illud
quod sequitur ad aliud, concedo. Quod postea dicitur : consuetudo
15 fingit minutum presentem in uesperis, non est verum. Inmo dico, quod
consuetudo (dum) intelligit eum absentem, set tamen datur ei ius
presentis. Et aliud est aliquem fingere presentem esse, cum sit absens,
et aliud dare absenti iura presentis, sicut nos uidemus in illis, qui
iusta de causa abfuerunt. Dantur enim eis iura presentis, et tamen
20 non finguntur semper fuisse presentes. Vnde dico : lex contraria
loquitur in fictione que fingit, ad (3) nos in concessione iuris presentis
illi, qui est absens. ||. Set contra istam solutionem arguitur, nam et licet
sit ita, quod, vbi aliquis est absens iusta causa, non fingitur presens
fuisse et consequitur ea, que consequeretur presens, (non) restitui-
25 tur [tamen] in integrum et restitutio reponit aliquem in pristino statu,
qui est presens. Et presens habens (!) restitutiones (!!) matutinarum ;
ergo et iste. Solutio. Aliud in restitutione facienda ei, qui absens fuit
et in absentia res suas amisit, quia ipse tunc certat de dampno uitando
et ideo sibi subuenitur alias C. de codic. l. ult. [l. 8. C. 6, 36]. Set hic
30 minutus certat de lucro, et in lucro captando non restituitur, ut ff.
ex qui. ca. ma. denique [l. 19. D. 4, 6], nam istud esset in lesionem
et grauamen ecclesie, quod esset iniquum, ut ff. de iur. et f. ig. l.

(1) per legem] *Je serais tenté d'ajouter ici : supra allegatam.*

(2) non] *Peut-être faut-il corriger en aut.*

(3) ad] *La vocalisation de la dentale occlusive sourde finale est assez fréquente dans le latin médiéval, de même que le phénomène inverse d'assourdissement de la sonore correspondante [cf. les graphies bien connues deliquid, set]. Ici, la vocalisation s'explique à la fois par l'action assimilatrice de la dentale nasale sonore ouvrant le mot suivant et par l'influence analogique de la locution très fréquemment employée ad nos = à nous.*

1 iniqum (!) [1.5. D. 22,6]. (1). ‖ . Set adhuc opponitur et ostenditur,
quod ymo restitutio bene datur ad lucrum. Nam si michi legatum est
annuum, quandiu ero in certo loco, et ex iusta causa abfuero, me
restituet ad id, quod propter absentiam de legato illo percipere omisi,
5 ar. ff. ex qui. ca. ma. l. Iulianus § ult. et l. si quis status (!) [l. 17 § 1;
l. 43. D. 4,6]. ‖ . Solutio. Ad *lucrum* (2), quod quis percipit iure comuni
et non in lesione[m] alterius, vnde quis restituitur, sic loquitur lex
contraria. Set ad lucrum percipiendum iure speciali non loquitur
(hoc), (s)et est ratio : facilius tollitur ius speciale, quam comune,
10 aut. de [non] ali. re. ec. § quia vero verisimile [coll. II. 1. c. 9 = Nov. 7].
‖ . Set adhuc opponitur, quia, vbi testator legat libertatem partui
sue ancille siue dicat : « uolo unum de filijs tuis esse liberum », omnes
sunt liberi, siue generaliter dicat : « uolo partu(u)m esse liberum ». Ergo
a simili, si(ue) consuetudo dicat, quod minutus perciperet, sicut esset
15 in uesperis, quia refertur ad matutinas, sicut in alio casu libertas ad
alios, C. de fideicon. li. l. [cum] inter ueteres [114. C. 7, 4]. ‖ . Solutio.
Magis facit ad oppositum, quia speciale est fauore libertatis, quia
libertas data vni ad plures extenditur, ut liberi dicantur; vnde contrarium est comune ius, ff. de leg. l. ius singulare [l. 16. D. 1, 3], ff.
20 ad munic. l. I. [l. 1. D. 50, 1]. Vnde dicendum est [*fol.* 188 *v°* 2] quod
illud, quod prima consuetudo dicit de distributione matutinarum,
non extenditur ad minutum.

qu. II. Questio. ‖ . Questio talis est. Dominus cuiusdam castri habet iurisdictionem in illo castro et in territorio illius castri ita quod nullus se
25 *superior*(3); iste dominus concessit cuidam militi omnem iurisdictionem
in quadam villa, que pertinebat ad territorium iam dicti castri; miles
iste delinquit in illa uilla : dominus uult eum punire; miles dicit, quod
non potest, quia dominus concessit omnem iurisdictionem illius uille
militi et nichil sibi retinuit. Quid iuris queritur.
30 ‖ . Primo arguit dominus Ja. de Ra. Ista questio supponit, quod
dominus concessit omnem iurisdictionem illius uille militi et quod bene

(1) *Sur cette distinction voy. Meynial, Renonciations, 5ᶜ art. Novr. rev. hist.*, 1905 : *p.* 9
du tirage à part. Adde Rev. trim. de dr. civ., 1906, *p.* 97, *note* 2. — *La distinction a déjà une
portée générale chez Placentin.*

(2) *lucrum] ms.* lucem.

(3) *superior] ms.* inferior. *La leçon manuscrite est certainement due à une mauvaise
correction. On devine ce qui l'a provoquée. La solutio, débordant les termes de la questio,
distingue : aut iste dominus recongnoscebat superiorem, aut non. Cette contradiction entre
l'énoncé du thème et la solution a dû paraître choquante et on s'est efforcé à la faire dispa-
raître.*

1 concedere potuit; alias non esset dubitabilis et quando (1) questio
proponitur, debet ita intelligi, quod sit dubitabilis, ar. ff. de Car. e.
l. quod Labeo [l. 9. D. 37. 10]. Vnde suppono, quod ualeat additio
huius iurisdictionis. Tunc arguo et ostendo, quod dominus non potest
5 punire militem. Si aliqua dubitatio sit in questione ista, illa est, utrum
dominus concedendo generaliter militi iurisdictionem uille uideatur
concessisse in sua causa, (in rubro et in nigro). ‖ . Tunc arguo : sicut
miles non est capax iurisdictionis sui ipsius, cum nemo posset sibi ius
dicere, ar. ff. de arb. l. p. [l. 51. D. 4, 8]. C. ne quis in causa sua ius
10 sibi di., in rubro et in nigro [C. 3, 5], (‖) *ita* (1) furiosus non potest
acquirere possessionem per se ipsum, cum careat animo. Set ita est
quod, vbi quis uult transferre possessionem in aliquem qui est furiosus,
si furiosus non (2) acquirat possessionem, transferre uolens amittit
eam. Ergo in proposito, cum dominus concessit militi omnem iuris-
15 dictionem, ille uidetur concessisse iurisdictionem ipsius militis et,
licet miles capax non esset iurisdictionis quantum ad se, tamen dominus, qui uoluit eam transferre, amisit eam. Et si amisit, nullam in
milite habet iurisdictionem; ergo militem punire non potest, ff. de
ac. pos. l. quod meo § si furioso [l. 18 § 1. D. 41, 2].
20 ‖ . Ad oppositum, quod dominus potest punire militem, probatur
sic. Nemo potest facere, quod aliquis sit iudex sui ipsius, nisi princeps
hoc faciat, ut l. ne quis in causa s. ius. d., in rubro et nigro [C. 3, 5].
Sic aliquis non potest obligare spem premiorum specialiter, ut C. de
procur. (!) stipendia [= l. 4. C. 7, 53] (3). Set ita est, quod, si quis
25 generaliter obliget omnia bona sua, non propter hoc obligatur spes
premiorum, quam specialiter non posset obligare. Ergo et in proposito dominus, qui generaliter militi concessit iurisdictionem omnem,
nullam in illo uidetur sibi concedere iurisdictionem ipsius militis,
quia ipsam specialiter non posset concedere, et sic dominus retinuit
30 iurisdictionem in milite. Cum ergo remansit iudex ipsius militis,
poterit ipsum militem punire. Pro hoc induco C. que res ob. pos. pig.
l. spe premiorum [l. 5. C. 8, 16 (17)]. Et hec sunt ar. domini Jo (!) (4).

---

(1) quando] *Ce mot est abrégé d'une manière insolite : qno surmonté d'un tilde.*

(1) *ita*] *ms.* jtem.

(2) non] *add. interl.*

(3) *La l. qui stipendia C. de procur.* [l. 9. C. 2, 12] *nichil facit ad rhumbum. La l. stipendia C. de exec. rei iud. que je cite dans le texte n'est pas des plus probantes ; elle a pu néanmoins être utilisée à cause de la glo. ord. prouincie. La loi 5 C. 8, 16 (17) à laquelle se réfère ce
passage de la discussion est alléguée un peu plus loin.*

(4) Jo. (!)] *Faute de transcription du copiste. Le ms. original portait surement Ja. Le
raisonnement pro ne contient qu'un seul argument ; il en est de même du raisonnement*

1   Questio determinata. ‖ . Sequitur determinatio domini Hermani [*fol.* 189 *r*° 1] (Hermani) de Blistam. Questio nostra dicit. quod dominus omnem iurisdictionem (1) aliam a mero et mixto inperio, et tunc non esset dubium, quia, cum retinuisset merum et mixtum
5   inperium, posset dominus punire militem. ‖ .Alio modo posset intelligi, quod concessit dominus omnem iurisdictionem ita. quod contineatur merum et mixtum imperium. Et sic debet intelligi, quia alias non haberet dubitationem. Questio enim sic intelligit sub iurisdictione inperium. ff. de of. eius cui man. est iurisdictio. in
10   rubro et in nigro [D. 1, 21], licet uideatur quod merum et mixtum non (2) transtulisset, ar. ff. de of. pre. l. legatur (!) [l. 20. D. 1, 18] et ar. de iur. om. iu. l. solet [l. 16. D. 2, 1]. ‖ . Supponamus ergo, ut questio procedat, quod dominus concessit militi omnem iurisdictionem et per hoc transtulit merum et mixtum inperium, quia
15   hoc facere potuit. Tunc arguo, quod dominus posset punire militem. Sicut video, quod in aliquo contractu aliquis potest omnes casus fortuitos in se [*suscipere*] (3), ut no. ff. si quis cau. l. set et si quid (!) § quesitum [l. 4 § 4. D. 2, 11], sic potest dominus omnem iurisdictionem transferre, ut ff. de iur. om. iu. l. solet [l. 16. D. 2, 1].
20   ‖ . Set ita est, si quis conducat domum et recipiat in se omne periculum preter vim, [*potest*] ipse excipere de violentia extranei, non de sua uel domesticorum. Ergo a simili: dominus concessit militi omnem iurisdictionem in eius villa ; nam propter hoc non uidetur concessisse iurisdictionem in ipso milite, quia intelligenda est concessio facta in
25   extraneis, non in se ipso, ar. ff. lo. et con. l. qui insulam conduxit § ult. [l. 30 § 4. D. 19, 2] et legis que dicit, quod eodem modo valet et uitiatur exceptio sicut concessio ff. de admi. et trans. le. l. legata inutiliter § quibus ex causis [l. 14 § 1. D. 34, 4] . ‖ . Item sicut generaliter concessum est militi iurisdictionem omnem in dicta villa, sic
30   concessum est tutori auctoritatem prestare pupillo in omnibus contractibus licite contractis. Set tamen propter hoc non permittitur tutori, quod prestet auctoritatem in coñtractu habito inter se et . ..illum, vnde in sua causa non prestabit auctoritatem. ‖ . Sic est

contra. Or, *notre texte porte* : et hec sunt ar., *d'où il suit forcément que l'argumentation con-tra et l'argumentation pro émanent d'un même personnage qui est Jacques de Révigny.*

(1) *Je suppose ici une lacune portant sur quelque chose comme* : concessit. quod posset dupliciter intelligi. uno modo sic : concessit iurisdictionem. *Cet homoioteleuton aura causé le méfait du copiste.*

(2) *Suit* transferatur *biffé, mais qui est préférable à* transtulisset.

(3) *Sur les renonciations générales à* omnes casus *voy.* Meynial, *op. cit.,* 4ᵉ *article, Nouv. rev. hist.. 1902, p. 39-50 du tirage à part.*

1 in proposito:licet dominus concesserit omnem iurisdictionem militi,
non propter hoc concessit, quod esset index in causa sua, et sic
dominus uidetur iurisdictionem retinuisse quantum ad militem, et
sic ratione iurisdictionis retente poterit eum punire. (||) Pro hoc
5 induco ff. de auc. presi. l. I [l. 1. D. 26, 8], C. de of. procon. l. una
[l. 1. C. 3, 35]. ||. Jtem sicut uideo, quod miles habet a domino suo
iurisdictionem, sic inperator a populo romano. Set ita est, quod, si
inperator delinquat ita, quod debeat priuari inperio, populus potest
eum punire, ar. ff. de ius. et iure l. I [l. 1. D. 1, 1], inst. de iure na. gen.
10 et ciuili § set quod principi, ver. cum lex regia [§ 6. I. 1, 2], ff. de
ori. iur. l. IJ § exactum (!) deinde regibus, in prin. [l. 2 §3. D. 1, 2].

|| . Ad oppositum, quod dominus non posset eum punire, probatur.
Quia, cum aliquis aliquid concedit, uidetur concedere secundum naturam rei ; ideo, si quis iuxta uenditionem stipuletur rem [fol. 189 r° 2]
15 dari, propter naturam contractus precedentis (qui) ponitur dari id
est tradi, ut ff. de usur. l. si stipulatus, in prin. [l. 4 pr. D. 22, 1],
ad idem ff. lo. et con. (!) l. si et me, in prin. [l. 32 pr. D. 12, 1 ?] et ar.
ff. de fideico (!). l. tutor. [l. 69. D. 46, 1]. Si dominus habebat iurisdictionem ita quod nullus se *superior* (1), ergo eodem modo uidetur
20 concessisse; si nullus se *superior* (2), ergo non potest militem punire,
cum par in parem etc. ff. ad Tre. l. ille a quo § tempestiuum [l. 13 § 4
D. 36, 1.]. ||. Ad predicta facit ff. de edi. edic. l. quod si nolit § ult.
[l. 31 § 25. D. 21, 1].

|| . Circa questionem istam distinguo : aut iste dominus castri
25 recongnoscebat superiorem, aut non. Si non recongnoscebat superiorem, set se reputabat superiorem de facto, licet de iure non posset,
cum omnes subiecti sumus principi, ut C. de sum. tri. et fi. ca. l.
cunctos populos. [l. 1. C. 1, 1] (||), tunc subdistinguo. Aut reputat
se superiorem, (3), tunc enim dico, quod poterit militem punire.
30 Conparo cum inperatori, si administrationem superioris non habet.
Tunc arguo : quantumconque princeps libere concedat, aliquem non
eximit a sua iurisdictione; vnde quantumconque concederet princeps omnem iurisdictionem alicuius ville, non propter hoc donatarius eximeretur a iurisdictione inperatoris, inmo semper posset eum
35 punire. Ergo eodem modo, si iste, qui de facto se gerit pro principe,

(1) *superior*] *ms.* inferior.

(2) *Voy. la note précédente.*

(3) *Il y a certainement une lacune à cette place. Cf. la ligne 35 et le deuxième membre de
la sous-distinction. Ce bourdon devait porter sur quelque chose comme : quia de facto se gerit
pro principe.*

1 eodem errore poterit militem punire, ar. ff. de rei. uen. ex diuerso
[l. 35. D. 6, 1]. Et quod princeps, quantumconque libere donet
aliquid, semper retineat iurisdictionem et subiectionem, probo. Quia
plus operatur prescriptio in prescribendis rebus inperialibus, quam
5 donatio ipsius principis. ‖ . Nam de donatione reuocatur in dubium,
utrum ualeat, ut ff. in prohemio, in prin. super uerbo sanctionem (1), ut
C. de pres. quadri. l. bene a Zenone [l. 3. C. 7, 37] et aut. quomodo
opor. ep. et cleri. produci, in prin. [Coll. I, 6, pr. = Nov. 6]. Set certum est, quod per prescriptionem XXX uel XL annorum rem inpe-
10 rialem acquirere potest aliquis, ut C. de pres. XXX an. l. omnes et
l. sicut [l. 4; l. 3. C. 7, 39]. Set tamen uideo, quod, quantumconque
aliquis prescribat rem inperialem, non potest subiectionem prescri-
bere; ergo multo minus per donationem principis potest exemptio-
nem acquirere, cum donatio minus operetur. Et sic, cum dominus
15 non concesserit iurisdictionem quantum ad militem, poterit eum
punire. Pro hoc induco C. de pres. XXX uel XL an. l. conperit [l. 6.
C. 7, 39]. ‖ . Jtem ad idem : quantumconque princeps priuilegiet aliquem, non eximit eum a iurisdictione iudicis; ergo nec hic miles exi-
metur a iurisdictione istius domini, ut in aut. de defen. ci. § interim
20 [Coll. III, 2. c. 1. = Nov. 15]. Aut dominus reputat se superiorem
ut proprietarium et dominum, ut quia ei prouenit iure hereditario, ut
est rex Francie (2), et tunc uidetur, quod talis potuit omnem iurisdictionem et subiectionem [fol. 189 v° 1] transferre sicut quamlibet
aliam rem sui patrimonij. ar. insti. de re. di. § per traditionem [§ 40
25 I. 2, 1] et C. man. l. in re mandata [l. 21. C. 4, 35]. Et ideo uideretur in
hoc quod de iure militem non posset punire. ‖ . Tamen dico adhuc
contrarium et dico adhuc, quod iste dominus poterit militem punire,
quia ipse non transtulit iurisdictionem militis in ipsum militem, inmo
eam retinuit. Et probatur: quotiens aliquis donat aliquid non capaci,
30 istud non acquiritur donanti (!). Cum ergo dominus dederit omnem

---

(1) *Allusion à la controverse célèbre de Martinus et Bulgarus que Acc. glo. rapporte sous le
mot sanctionem de la const. Omnem. La controverse est d'ailleurs antérieure aux Quatre
Docteurs, voy. Fitting, Summa Codicis des Irnerius, p. LX sq. et les textes qui y sont cités.*

(2) *Je ne saurais citer aucun autre exemple d'assimilation, dans les écrits des légistes,
des pouvoirs du roi de France à ceux d'un proprietarius et dominus. Jean de Blanot, qui
proclame pourtant la maxime : rex Francie est princeps in regno suo, ne considère le roi que
comme l'administrateur du royaume. Nouv. rev. hist. 1906 p. 162 ligne 15 cbn. avec les
variantes ABC de la p. 161 ligne 14. (Je publierai incessamment ces variantes) : Jacques
de Révigny ne considère le roi de France que comme un magistrat du princc. ms. V. fol. 185
r° 2 : Dico hoc est conmittere in principem, non sicut ipsi dicunt, quod rex princeps sit,
set quia conmittitur in magistratum principis.*

1 iurisdictionem uille militis et miles non potuit capere iurisdictionem
super se, ar. ff. de arb. l. p. [l. 51. D. 4, 8], dominus, qui confert illam
iurisdictionem, non amisit eam, inmo retinuit, et ideo iurisdictionis
retente ratione supra militem dominus potest eum punire, quia non
5 acquiritur non capaci, non ceperit animo donandi (!?). || . Et lexdicit :
si (1) maritus constante matrimonio conferat uxori rem aliquam,
ex qua uxor(e) ditior fit et maritus pauperior, non est capax istius
donationis. Quis ergo habebit donationem ? Lex dicit, quod donans,
scilicet maritus. Pro hoc induco ff. de don. inter uir. et ux. l. si sponsus
10 sponse § ult. [l. 5 § 18. D. 24, 1], ad idem de donat. l. qui id [l. 33.
D. 39, 5] et ff. ex qui. ca. ma. l. nec utilem [l. 20. D. 4, 6]. || . Jtem ad
idem. Sicut miles non est capax iurisdictionis super se, ar. C. ne quis
in sua causa, in rubro et nigro [C. 3, 5]. ff. de arb. l. p. [l. 51. D. 4, 8],
sic filius naturalis non est capax bonorum patris nisi ex certa portione,
15 puta existentibus legitimis, ex uncia. || . Pone ergo : pater filium natu-
ralem instituit in omnibus bonis et sic filius non est capax omni. Quis
habebit illa, que filius naturalis non potest capere ? Et dicit quod
donans, id est heredes eius, qui representant personam donantis patris,
ar. aut. iusiur. quod pres. a mor., in prin. [Coll. II, 3 = Nov. 8].
20 || . Ergo a simili, si dominus concessit militi iurisdictionem sui ipsius,
ex quo miles non est capax, remanet penes dantem, et sic dominus
poterit militem punire. Ad hoc C. de na. li. l. senatores [l. 1. C. 5, 27]
et ff. de uul. et pu. sub. l. [si] is qui ex bonis [l. 6. D. 28, 6]. || . Jtem
licet dominus omnem iurisdictionem concesserit, non uidetur propter
25 hoc a sua iurisdictione militem eximere, et sic poterit militem punire,
ar. in aut. ut iudi. sine quo suf. § quod autem et § damus [Coll. II,
2. c. 12, c. 8 i. f. = Nov. 8]. Ad hoc facit aut. de defen. ci. § interim,
[Coll. III, 2. c. 1 = Nov. 15]. Aut dominus qui concessit iurisdictionem militi illius ville recongnoscit superiorem et subdistinguo. Aut
30 illum, cui subest ratione iurisdictionis (si) recongnoscat (2) superiorem
tanquam illum, a quo tenet in feudum illud castrum et territorium,
tunc dico, quod dominus iste non poterit militem punire. Et est ratio,
quia, cum recepit in feudum, utile ius fuit ei quesitum (et retinuit)
et [directum] penes dominum remansit, ut ar. ff. si ager uec. uel emphi.
35 pe. l. I [l. 1. D. 6, 3] et de [fol. 189 v⁰ 2] superfi. l. I. § quod ait
[l. 1 § 3. D. 43, 18]. Cum ipse concessit iurisdictionem uille omnem,
in qua utile ius habebat, tantum illud ius transtulit, ar. ff. de ac. re.
do. l. traditio [l. 20 D. 41, 1], set directum penes superiorem reman-

(1) si] add. interl.
(2) recongnoscat] subjonctif sous l'influence de si ajouté à tort par le copiste.

1 sit. Et sic iste dominus qui totum ius utile transtulit, nullam iurisdictionem habet in uilla, et ideo ratione delicti conmissi in villa non
poterit militem punire. ‖. Simile dicunt doctores alibi. Pone : habeo
rem in feudum a superiore. Ego illam rem possideo naturaliter tantum,
5 dominus superior ciuiliter, ff. de ac. pos. l. naturaliter [l. 12. D. 41. 2].
Istam rem do cuidam tertio in feudum, et sic ego transfero in eum
utile ius. Querunt doctores, nunquid michi conpetit aliqua possessio.
Dicunt quod non, inmo in quem transtuli(t) habet ratione naturalis
possessionis, quam in eum transtuli. (‖). Jtem superior ratione iuili s].
10 *Set* (1) ego, qui totum ius meum transtuli, nichil habeo. Sic notant
doctores (2) ff. de ac. pos. l. IIJ § e contrario [l. 3 § 5. D. 41. 2] et
hoc notat glosa in fideiconmissario ff. ad Tre. l. ex asse [Acc. glo.
me puto in l. 29 (28). D. 36, 1] et in feudatario C. uti pos. l. una
[Acc. glo. *forma seruata* in l. un. C. 8, 6]. Set tu dices : hoc non
15 potest stare, quia verum est, quod dominus transferendo utile dominium suum non retinet, vbi ille capax est in quem transfertur; set hic
non est capax quantum ad iurisdictionem sui ipsius, et ideo non uidetur, quod dominus amiserit. Dico, quod inmo, et acquisita est supe-
riori domino, ut tu uidebis statim in sequenti membro. ‖. Aut con-
20 gnoscat superiorem non ex feudo, set ex iurisdictione generali ut
principem, et uidetur quod tunc posset militem punire, quia tunc
dominus habuit directum ius in illa iurisdictione. Set directum ius
ita adheret ossibus nostris, quod ab eis non potest separari, et si[c]
dominus non potuit transferre directam iurisdictionem, ut uidetur
25 ar. ff. pro socio l. IIJ [l. 3. D. 17. 2] et ff. de peculio. [si] Sticho et l.
quid (!) ergo casus [l. 53; l. 16. D. 15,1] et C. de ac. et o. l. I [l. 1. C.
4, 10]. Si non potuit transferre, sibi remansit et ideo ratione eius
uidetur, quod possit militem punire. ‖. Jtem sicut dixi supra uidetur
domino remansisse, si esset separabile, quia miles non erat capax
30 huius iuris, ut superius dictum est. ‖. Dico contra et probo, quod
vbi quis habet ius directum [*videtur*] transtulisse, ar. contra de contra.
emp. l. qui tabulas (!) [l. 32. D. 18. 1] (3) et de le. I. l. si domus, ad fi.
[l. 71 § 6 D. 30] (4). Nec obstat, quod miles non erat capax huius

(1) *set*] *ms.* s. (= scilicet).

(2) *J'indiquerai ailleurs ces textes, dont quelques-uns sont inédits. Cf. l'étude de M. Meynial dans ces Mélanges.*

(3) qui tabulas] *La l. qui tabulas D. ad. l. Aq. (l. 42. D. 9, 2) que nichil facit ad rhumbum
a été confondue ici avec la l. qui tabernas indiquée par moi.*

(4) *Il faut supposer une lacune, due sans doute à un homoioteleuton, avant le
mot ar.*

1 iurisdictionis, quia tum dico, quod dominus amisit suam iurisdictionem; quia licet sit ita, quod, vbi reperiuntur due persone tantum :
conferens et recipiens, si recipiens sit non capax, donatio remanet
donatori, ar. ff. de don. inter uir. et ux. l. si sponsus § ult. [l. 5 § 18.
5 D. 24,1], at tamen ubi reperiuntur tres persone, et recipiens sit non
capax, donans amittit rem et transfertur ad tertium capasem (1).
|| .Hoc (2) est quod lex dicit. Si maritus uult donari uxori sue et iubeat,
uxori ille soluit sicut precepit, queritur cuius fiat pecunia [fol. 190
r° 1] soluta, nunquid uxoris ? Et certe non, quia prohibita est dona-
10 tio inter uirum et uxorem. Nunquid ergo remanebit debitoris soluentis, qui uoluit transferre in uxorem ? Dicitur quod non, set dominium transibit ad tertium, scilicet ad maritum, qui huius capax est.
|| . A simili dico hic. Vbi dominus concedit omnem iurisdictionem uille,
licet miles non sit capax iurisdictionis, tamen donans amittet eam
15 et transfertur ad tertium, qui est capax huius, et ideo dico in hoc, quod
superior puniet militem et non dominus castri. Pro hoc induco leges
ff. de don. inter uirem et ux. l. IIJ § set (et) si debitorem suum [l. 3
§ 12. D. 24, 1], ff. de don. l. qui id [l. 33. D. 39, 5]. || . Pro eodem
facit lex, quod, si aliquis uelit transferre usumfructum in alium, qui
20 non habet proprietatem, ille, in quem confertur, non acquiret usumfructum et conferens amittit, set istud ius transfertur ad superiorem
scilicet ad principem (!!). Pro hoc induco ff. de iure dot. l. si ususfructus fundi § si extraneo [l. 66., i. m. D. 23, 3] inst. de usufr. § item
finitur [§ 3 i. m. I. 2, 4]. || . Vnde dico, quod in isto casu princeps
25 puniet militem et pro hoc induco legem. Sicut enim nos uidemus hic
tres personas, scilicet principem, dominum castri et militem, sic nos
videmus presidem prouincie et eius delegatum ad vniuersitatem cau-
sarum et subdelegatum ab isto delegato. || . Pone ergo : subdelegatus
congnoscit et profert sententiam iniquam; appellandum est ab eo;
30 ad quem appellabitur, nunquid ad delegatum uel presidem ?. || Dicit
lex, quod ad presidem et non ad delegatum. Et est ratio, quia iste
delegatus nullam habet iurisdictionem, set tantum exercitium iurisdictionis, secundum quod notatur ff. de of. eius cui man. est iur.
l. I. [l. 1. D. 1, 21] et de iur. om. iu. l. more (l.) maiorum [l. 5. D. 2, 1].
35 || . Cum ergo habet tantum unum exercitium, delegando illam (illam)
causam transtulit exercitium huius causc in subdelegatum et sic
nichil retinuit. Miles non fuit capax, ideo ad superiorem, scilicet ad
principem, deuoluitur congnitio. Pro hoc induco ff. quis et a quo ap.
l. J § ult. [l. 1 § 1. D. 49, 3].

(1) Graphie fréquente dans les mss. français.
(2) Hoc] ms. hic avec un tilde sur la dernière lettre.

1 Solutio ad contraria. Quod enim dicit, (1), quod inmo directum
ius non potuit ab eo separari et sic retinuit directam iurisdictionem.
‖. Dico illud habet locum in iuribus personalibus, set non in realibus;
set iurisdictio est ius reale, vnde non obstat. ‖. Jtem quod dicitur de
5 possessione, quod amittitur, licet alij non queratur ut ff. de ac.
pos. l. [quod] meo § (set) si furioso [l. 18 § 1. D. 41,2]. ‖. Solutio : aliud
in proprietate, quia de facili non perditur. ut ff. de ac. pos. l. si qui s vi
§ differentia [l. 17 § 1. D. 41, 2]. ff. ex qui. ca. ma. l. nec utilem
[l. 20. D. 4, 6]. ‖. Jtem quod dicitur, quod quis non potest abdicare
10 iurisdictionem a se, ut ff. de of. presi. l. legatus. [l. 20. D. 4, 6].
Dico, quod inmo potest in (2) renuntiando in manu [fol. 190 r°2]
(manu) principis, ar. ff. ori. iur. l. IJ § set cum placuisset [l. 2 § 24.
D. 1, 2]. (‖) Determinatio domini Hermani de Blist.

qu. III.　　　Questio determinata. Questio talis est. Quidam inter viuos
15 elegit sepulturam suam apud fratres minores. Deinde in extremo
positus fecit testamentum suum, in quo dedit executores suos, et
inter alia dixit : « uolo et precipio, quod executores mei ordinent de
mea sepultura, prout melius sibi uiderint anime mee expedire et conuenire ». Isto testatore mortuo executores eligunt eius sepulturam apud
20 fratres predicatores ; eligunt eius sepulturam ex secunda (2). Queritur
quid iuris? ‖. Et est effectus huius questionis, quod iste testator
legauerat multa vbi sepeliretur, et sic propter legata multum interest.
Et ista causa *pendebat* (3) de facto Meldis (4) inter predicatores et
minores et per biennium durauit.

25 ‖. In ista questione primo arguit dominus Jo. de Canpog, nouus
professor jncipiens sub domino Henrico de Lingonis, et dixit : Primo
suppono, quod sit dubitatio huius questionis, utrum per secundam
electionem executorum reuocetur electio facta inter uiuos uel non.
Si non reuocetur electio, valet prima et sic minores habebunt. Si
30 reuocetur, valet pro (5) secunda et sic predicatores debent eum
habere. ‖. Primo arguo, quod prima electio non reuocetur et quod
minores debeant eum habere. Nam sicut in questione proposita reperiuntur due electiones : una specialis, per quam inter viuos
defunctus elegit sepulturam, alia generalis per quam conmisit in
35 testamento executoribus ordinare de sepultura sua, prout anime sue

(1) dicit] *Je serais tenté de lire, en corrigeant :* dicit [*ur*].

(2) in] *Gallicisme : en renonçant.*

(2) secunda] *sc.* *dispositione.*

(3) *pendebat*] *ms.* penderet.

(4) *Meaux* (*Seine-et-Marne*).

(5) pro] *add. interl.*

1 melius crederent expedire ; sic et alibi uideo duplicem ordinationem
testatoris : unam specialem, aliam generalem. ‖ . Vnde pone : pater-
familias habebat plures heredes et plures possessiones et mancipia
plura; inter istos heredes testator diuisit bona sua et singulis de here-
5 dibus certas possessiones cum mancipijs, que in possessionibus erant,
constituit. Et hec fuit specialis diuisio seu ordinatio testatoris.
‖ . Secundo testator dicit generaliter : « heredibus meis mancipia mea
conmendo ». Et hec fuit secunda et generalis ordinatio. Queritur in
lege, nunquid per istam secundam generalem ordinationem reces-
10 sum sit a prima ? ‖ . Et dicitur quod non, inmo testator intelligit
mancipia conmendare, secundum quod per primam ordinationem
debent habere. ‖ . Ergo et in proposito, cum defunctus ordinauit primo, quod sepulturam haberet apud minores, et secundo generaliter
uoluit, quod [fol. 190 v° 1] (quod) executores ordinarent, per hanc
15 generalem uoluntatem non est inmutata prima; ergo minores habebunt. Pro hoc induco C. fa. her. l. quotiens [l. 10. C. 3, 36].

‖ . Ad oppositum ostendo, quod secunda reuocat primam et sic predicatores habebunt. Nam sicut uideo in questione esse duas ordi-
nationes : primam inter uiuos, aliam in testamento, sic(ut) alibi in
20 contractu uideo esse circa idem duas conuentiones. Vnde pone :
uendo tibi fundum « ut optimus maximusque est » Per hec uerba
ego teneor [prestare] fundum liberum a quaconque seruitute a quo-
quam inposita, et etiam dico seruitutes illi fundo deberi, ut ff. de
euic. l. p. [l. 75. D. 21, 2]. ‖ . Secundo dixi : « et promitto tibi, quod
25 ius fundi per me non est factum deterius ». Per ista uerba tantummodo teneor prestare, quod seruitutem non inposuerim in illo fundo,
set non quin sint ab alio inposite (questio). ‖ . Tunc queritur, utrum
ualeat prima conuentio uel secunda, et dicitur, quod secunda ualet
et reuocatur prima. Ergo et in proposito, ar. ff. de ver. si. l. si cum
30 fundum [l. 126. D. 50, 16]. Et hec sunt argumenta que fecit dominus
Jo. de Canpognio[nis].

‖ . Sequitur determinatio domini Jo. de Sagneio. Primo uidetur,
quod recessit siue recessum [est] a prima electione et quod ualeat
secunda et sic predicatores habebunt. Et primo sciendum est, sicut
35 aliquis potest sibi eligere sepulturam, ita alij potest conmittere eli-
gendam. ‖ . Jtem sicut ibi in certo loco eligit, specialis uideatur electio-
ita, vbi conmittit alij eligere vbi uiderit expedire, secuta ab ea (!) electione, dicitur specialis electio, ut ff. de rel. et sump. fu. l. scriptus
heres § naturaliter et l. si quis sepulcrum § funus [l. 1., c. f.; l. 12 § 4.
40 D. 11, 7]. ‖ . Tunc arguo : ambulatoria est uoluntas testatoris usque
ad extremum uite exitum, ff. de don. inter uir. et ux. l. cum hic status

1 § penitentiam [l. 32 § 3. D. 24, 1],ff. de adi. et trans. le. l. IIJ ad fi,
cum le. se. [l. 3 § 11 ; l. 4. D. 34, 4]. Cum igitur iste defunctus con-
miserit suis executoribus secundo, quod ordinent uel ordinarent de sua
sepultura prout melius etc.,ipse uidetur mutasse suam primam volun-
5 tatem, quia mutare potest quandoconque uoluerit usque ad mortem.
Pono plus : et si in prima ordinatione dixisset : « si aliam postea fecero,
nolo eam ualere», tunc secunda ualeret. || . Set pone (1) in secunda
se penituisse prime uoluntatis, nam nemo potest sibi legem inponere,
a qua non liceat recedere. ut ff. de le. IIJ, l. set (!) quis in principio
10 testamenti [l. 22. D. 32]. Ad hoc induco legem specialem. Sicut
enim ossa defuncti prohibentur spergi in diuersis locis et sepeliri, ut
colligitur ff. de rel. et sump. fu. l. cum in diuersis sunt (!) [l. 44. D.
11,7].[ita] ubi alicui relictus est usus alicuius fundi ampli, prohibetur
capere emnes fructus, set debet eligere aliquam partem, que sibi
15 sufficiat [fol. 190 ʋ°. 2] ad usum. ut ff. de usu. et ha. l. fundi [i. 15.
D. 7, 8] et inst. de usu. et ha, § I [§ 1. l. 2, 5]. || . Pone ergo : aliquis,
qui habebat habitationem, elegit certam partem habitare uno tempore ; uult mutare et eligere aliam partem ; nunquid potest? Dicitur
quod sic. Ergo et in proposito defunctus. qui in aliquo loco elegit
20 sepulturam, potest uariare et alibi eligere. Set electio executorum
reputatur sua, ut dixi,'ar. ff. de le. IJ. l. unum ex familia IJ. R. [l. 67
§ 1. D. 31] cum similibus. || . Ergo, cum executores elegerint ad pre-
dicatores, ualebit electio et prima uariabitur. Pro hoc induco ff. de
usu et ha. l. diuus § licet tum (!) augustus [l. 22 § 1. D. 7, 8]. || . Item
25 sicut video, quod quis potest sibi eligere sepulturam vbi uult secundum iura nostra, sic ille, qui uendit rem, potest apponere conuentionem prout uult, ar. ff. depe. (!) l. I § si conuenit [l. 1 § 6. D. 16, 3].
Pone ergo : ue[n]do tibi domum et excipio michi habitationem in illa
domo, quamdiu viuam, uel X singulis annis ; eligit uno anno emptor
30 prestare habitationem ; alio anno uult mutare et eligere et prestare X ;
nunquid potest ? Dicit lex quod sic. Ergo et in proposito defunctus,
qui habebat potestatem eligendi sepulturam vnde uolebat, si eligit
(et) in uno loco, potest uariare et eligere alibi. Sic est hic, ergo etc.
Pro hoc induco ff. de ac. emp. l. sterilis § ult. [l. 21 § 6. D. 19, 1].
35 || . Ar. ad hoc,quia arguendum est de ultimis voluntatibus ad contrac-
tus et e contra : ff. de pactis l. pactum (quod) inter heredem et lega-
tarium [l. 46. D. 2, 14] et ff. de le. l. l. ex cause (!) filij § cum qui
[l. 44 § 5. D. 30].

(1) Set pone] sic ms. Cette locution ne s'explique pas bien à cet endroit du texte. On atten-
drait plutôt une phrase explicative commençant par quia ou nam. Le signe de division semble
également superflu.

1 ‖. Ad oppositum uidetur, quod prima ualeat et secunda non, et
sic minores habebunt corpus. ‖. Primo induco generalia. Non est
dubium, quod cui non potest conmitti quod minus est dignum, nec
id quod est dignius, ar. ff. de senat. l. qui indignus [l. 4. D. 1, 9], ar.
5 ff. de ser. expor. l. cui pacto [l. 5. D. 18, 7] et ff. de re. iu. l. non debet
licere [l. 41], quod, plus est. ‖. Jtem corpora humana sunt digniora
omnibus alijs rebus, C. de sacro. ec. l. sancimus [l. 21. C. 1, 2]. Tunc
arguo : testator non potest conmittere ordinationem bonorum uoluntati alicuius; multo minus ipse potest conmittere ordinationem corpo-
10 ris sui, quod dignius est. Et sic ipsa uoluntas, quam conmisit executoribus, ut ipsi ordinarent de sepultura, non valet et (et) ideo prima
uoluntas remanet (nulla). Pro hoc induco ff. de her. in. l. captatorie
(!) (1) [l. 70. D. 28, 5] et ar. quod non mutatur etc. C. de testa. l.
sancimus [l. 27. C. 23], de ap. l. precipimus, ad fi. [l. 32 § 6. C. 7, 62].
15 Jtem vbi aliquis ordinat certum et indubitatum primo, et statuit
secundo contrarium, quod (2) prima facie dubium est, propter illud
dubium non redditur actio ita, quod condiciones sint incerte. (3) Et lo-
quor de hijs. que ad futurum tempus referuntur, quia, si [fol. 191 r° 1]
ad presens uel futurum (!), non sunt proprie condiciones, ut ff. si cer.
20 pe. l. cum ad presens. et l. inspiciendum (!) et l. sequenti [l. 37 et ll. ss.
D. 12, 1] et ff. de ver. o. l. condicio(nes que) in preteritum [l. 100. D.
45, 1]. Nunc est ita, si quis modo contrahat pure et postmodum
contrarium sub condicione de futuro, quia de illa incertum est utrum
existet, propter condicionalem conuentionem non recedatur a pura.
25 Ergo et hic testator pure et certam elegit sepulturam, secundo incertam, scilicet secundum ordinationem executorum que futura, et ideo
propter istam incertam non reuocatur prima. Ergo minores habebunt
corpus, nisi appareret expresse, quod propter incertam testator uoluit
mutare primam. Pro hoc induco ff. de her. in. l. si de solo (!) [l. 27.
30 D. 28, 5] et per eandem viam facit in eo. ti. l. circa [l. 2. D. eod.]
et ff. de rescin. uen. l. si id quod pure, in prin. [l. 7 pr. D. 18, 5]. ‖. Jtem
quedam scribuntur in testamentis, que pertinent ad ordinationem

(1) *Pour identifier cette citation inexacte on avait le choix entre la l. captatorias D. de her.
inst. et la l. captatoriae (64) D. de leg. I. Les deux lois statuent sur le même cas de disposi-
tions captatoires et les Acc. glo. in hh. ll. contiennent des renvois mutuels d'une loi à l'autre.
Je me suis décidé pour la première loi à cause de son paragraphe final, dont le langage semble être imité dans le texte : conmittere uoluntati alicuius — condicio confertur ad secretum
alienae uoluntatis.*

(2) *quod*] ms. pro (?).

(3) *redditur.... incerte*] Il y a pour le moins une gaucherie d'expression dans ce
passage.

1 testamenti, ut sunt heredum institutiones, legata et fideiconmissa :
quedam, que pertinent ad auctoritatem scribentis et non ad ordinationem testamenti, ut si testator uelit sibi monumentum fieri et similia. Illa, que pertinent ad ordinationem testamenti, de rigore iuri
5 inpleri et seruari [*debent*], ut ff. de le. I. l. si michi et tibi § (§) ult
[l. 12., i. f. D. 30] et de tali uoluntate loquitur aut. de nup. § disponat,
coll. IIIJ. [Coll. IV, 1. c. 2 = Nov. 22]. Set illa, que pertinent ad auctoritatem scribentis, non debent de rigore iuris seruari. Vnde si testator instituat solum heredem et precipiat ei, quod faciat monumen-
10 tum, de rigore non tenetur, verumptamen de equitate pontificali
tenetur et auctoritate seu officio potest conpelli ad hoc. Vnde dico,
licet (iste), vbi elegit sepulturam inter uiuos, illa uoluntas de rigore
iuris non esset seruata, tamen de equitate pontificali bene erit auctoritate (sua) facienda seu inplenda et sic minores habebunt corpus.
15 Pro hoc induco ff. de an. le. l. Quintus [l. 7. D. 33, 1]. Sine dubio ego
reputo casum legis istius questionis, tamen ego dicam et illud dicerem,
si non esset lex illa.

‖. Et in questione presenti uidetur distinguendum sic. Si queras,
an testator potuit mutare sepulturam quam inter uiuos elegerat,
20 distinguo : aut ex prima electione huius fuit acquisitum minoribus,
[*aut*] non fuit acquisitum ius. Si ex prima electione nullum ius fuit
acquisitum fratribus minoribus, certum, quod defunctus potuit mutare
uoluntatem siue illa facta fuit inter uiuos siue in ultima voluntato,
probatur. Inter uiuos quemadmodum aliquis habet facultatem eli-
25 gendi sepulturam, ut supponunt iura nostra. Ita est vbi quis promittit
alternatiue : duas habet electiones soluendi quam magis uult, ff. de
iur. dot. l. plerumque, ad fi. [l. 10, i. f. D. 23, 3]. Pone ergo : aliquis.
promittit duo alternatiue siue sub alternatione, quod idem est; elegit;
nunquid potest mutare et absoluere ? Et certe [*fol.* 191 *r*o 2] sic.
30 quando (1) etiam in accusatione alias in executione sententie adeo
quod ad ultimum oportet, quod iudex uendat istam obligationem
et in extimatione exequatur secundum doctores, ut ff. de ver. o.
l. (si) qui(s) ex pluribus et l. *eum* (2) qui certarum [l. 106; l. 138. D.
45, 1]. ‖. Et est ratio, quare permittitur ista uariatio, quia ex prima
35 electione non erat ius quesitum parti aduerse. Ergo et sic, cum ex
electione inter uiuos ius non fuerit quesitum fratribus minoribus,
testator potuit suam electionem mutare et alibi sepulturam eligere.
‖. Si uero ius fuerit quesitum ex prima electione, uidetur, quod sepulturam non poterit mutare nec ipse nec alius per ipsum, ar. ff. de tribu.

(1) quando] *Je serais tenté d'émender ici le texte, en proposant la correction : quoniam.*
(2) *eum*] *ms.* IJ.

1 l. quod in herede(m) § eligere [l. 9 § 1. D. 14, 4], C. de furt. l. l.
[l. . C. 6, 2]. Et probo : quamuis enim permittitur uariatio promit-
tentis sub alternatione in contractibus, tamen heres, qui tenetur ad
duo sub alternatione, si eligit vnum, non potest uariare. Et est ratio,
5 quia electione heredis strictum dominium acquiritur legatario
et sic ius est acquisitum. Vnde apparet, quod, vbi ex electione ius
acquiritur, non admittitur uariatio, quia nemo in alterius preiudicium potest mutare consilium. ff. de reg. i. l. nemo [l. 75]. Pro hoc
induco ff. de le IJ. l. statuliberum § ult. [l. 11, i. f. D. 31] et de le. IJ (!)
10 l. huius modi. Stichum [l. 84 § 9. D. 30]. Vnde dico : ubi ius esset
quesitum ex prima electione, non admittitur uariatio. Si tu quereres,
quomodo ius ex electione sepulture acquireretur, dico quod per prescriptionem. Nam ita est de iure canonico, quod aliquis debet sepeliri,
vbi sui maiores solent sepeliri. |! .Pone ergo : maiores incipiunt sepeliri
15 alicubi; tot sunt iam sepulti, quod prescriptio ex mea sepultura iam
esset conpleta; si esset conpleta, ius sepulture esset quesitum illi
ecclesie; modo ego eligo ibi sepeliri; ex ista electione ius est acquisitum,
quia per uoluntatem meam habetur prescriptio pro conpleta. || .Quare
aliquis sepeliatur vbi sui maiores ? Ratio est tacita uoluntas, quia
20 presumitur uelle sequi eos. Set non plus debet operari tacita uoluntas
quam expressa, ar. ff. si cer. pe. l. cum quid [l. 3. D. 12, 1]. Si ex tacita
uoluntate debet ibi poni, ergo [ex] expressa, et ita ius sepulture acquit
ritur per prescriptionem ita, quod alibi non debet sepeliri, nisi elegeri-
locum religiosiorem, ut no. extra. de sepul. c. I., in conmento nô. in
25 glosa [glo. *propriam eligero* in c. 1. X. 3, 28]. Set locum religiosiorem
potest eligere, saluo tamen iure illius ecclesie, que habet ius sepulture,
quia illa debet habere iura sua solita et illesa, extra. de sepul. c. fraternitatem [c. 3. X. 3, 28]. Vnde concludo in proposito, quod licet (!) (1)
ius quesitum in sepultura, non potest uariare nisi eligendo locum reli-
30 giosiorem, saluo etiam iure prime ecclesie, ut in c. fraternitatem.
Set quis sit locus religiosior, siue minorum uel predicatorum, [fol.
191 v° 1], non discutio. Et quod liceat eligere religiosiorem, licet sit
ius quesitum ecclesie, saluo tamen iure suo, probatur : quia permittitur
cuilibet consilium seu uoluntatem mutare in melius sine preiudicio
35 alterius, quia quod michi prodest et alij non nocet concedendum ʽest ꞌ. Set
michi prodest eligere religiosiorem, quia per hoc consulo magis anime
mee; et non nocet, quia saluum est ius (suum) ecclesie, vbi debeo alias
sepeliri. Et ideo michi concedendum, quia licitum est cuilibet se cor-
rigere et sapientis est concilium mutare in melius. Sic enim facit

(1) licet (!)] *ms. lz. que je scrais tenté de corriger en si est.*

1 princeps cuius exempla sequimur uel sequi debemus, quoniam gesta
sunt magna. verumptamen de facili trahuntur ad consequentia, ar.
ff. de le. l. ult. [l. 41. D. 1, 3?] et melius ff. de re (!) mili. l. miles.§ ult.
[l. 41 § 5. D. 29, 1?]. Et quod inperator mutet in melius consilium et
5 se corrigat, probatur aut. de nup. coll. IIIJ, circa prin. [Coll. IV, 1. pr.
= Nov. 22] et in aut. ut fratrum filij, circa prin. [Coll. IX. 7. pr.
= Nov. 127]. ‖ . Ad hoc induco legem specialem (1) cum aliquis uult
mutare uoluntatem ad bonum suum, sibi licitum est, dum tamen
hoc faciat sine preiudicio aliorum, et ideo si filius emancipatus uelit
10 uenire ad bona patris, ipse debet conferre uel cauere de bonis conferendis suis. ‖ . Pone ergo : cum fratres uellent conferre bona, emancipatus noluit cauere et fuit per hoc repulsus; deinde uenit et uult
cauere fratribus et admitti ad paterna bona : nunquid potest? Dicit
lex quod sic, quia iste mutat uoluntatem suam ad bonum ueniendo
15 ad successionem patris et sine aliorum preiudicio, quia fratribus suis
cauet de conferendis bonis et ideo permittitur uariatio. Sic in proposito qui eligit religiosiorem locum, conmutat consilium ad religiosiorem locum sine aliorum preiudicio, quia sua ecclesia, vbi deberet
sepeliri, habebit solita, que pro sepultura debent dari. Pro hoc induco
20 ff. de coll. bo. l. nonnunquam. [l. 8. D. 37, 6].

‖ . Quid ergo dicam ? Dico, quod in ista uidetur casus legis. Seya
liberta petijt ab heredibus suus (!!), ut daret (!) Lucio Titio XL (2)
ut, si in prouincia decessisset, tum Lucius Titius curaret [corpus eius]
in patriam reportari et sepeliri ibi—et sic destinauit certum locum—,
25 quod, si quid de illis XL superesset, illius Titij [fieret]. Deinde dicit heredibus suis : « siue in prouincia siue in uia aliquid humanitus michi con-
tigerit, corpus meum curetis et in Cappaniam et in monumentum filiorum meorum reponite ». Modo queritur, nunquid per istam ultimam
dispositionem recessit (sic) a prima. Et dicitur quod sic. ‖ . A simili
30 in proposito, defunctus inter uiuos disposuit et elegit sepulturam
apud fratres minores et sic elegit certum locum. Secundo conmisit
executoribus, quod ordinarent de sepultura, prout melius uiderent
expedire. Per hoc uidetur reuocata prima dispositio et ualebit secunda;
vnde predicatores habebunt. Pro hoc induco legem ff. de adim. et
35 transf. le. l. I (!). § Seya liberum (!) [l. 30 § 2 D. 34, 4]. ‖ . Tu dices :
non est idem hic et ibi, quia in § Seya testatrix dis- [fol. 9 v° 2] posuit,
quod heredes facerent suam sepulturam et etiam destinauit certum locum, scilicet monumentum filiorum suorum, et ideo non est

(1) *Après ce mot, on remarque dans le ms. un signe, sans doute un mot abrégé, que je ne sais pas résoudre. Ce signe ressemble très vaguement à qⁱ (qui).*

(2) XL.] *Dig.: sexaginta.*

1 mirum, si prima dispositio per secundam reuocatur. Dico idem est
hic. Nam et hic testator elegit certum locum, scilicet illum locum,
quem executores eligerent. Igitur si elegerunt predicatores, perinde
est ac si ipse elegisset et dixisset : «uolo sepeliri apud predicatores»,
5 nam per alium potuit sibi eligere sepulturam, et habetur ac si ipsemet
elegisset, ar. ff. de reli. et sump. fu. l. scriptus heres § naturaliter
[l. 4., c. f. D. 11, 7] et l. si quis sepulcrum § funus [l. 12 § 4. D. eod.].
(Solutio). Tu dices adhuc, quod ista iura non faciunt ad questionem
istam : nam iura hic allegata locuntur in dispositionibus in ultima
10 voluntate habitis, set nostra questio loquitur, vbi testator inter uiuos
elegit sepulturam, quare uidetur, quod mutare non possit. quia licet
ambulatoria sit *uoluntas* (1) in extremis voluntatibus, ut ff. de adim.
et transf. le. l. IIIJ, ad fi. [l. 3 § 11. D. 34, 4], ff. de don. inter uirum
et ux. l. cum hic status § penam (!) [l. 32 § 3. D. 24, 1], tamen inter
15 viuos non est ambulatoria, ut ff. conmo. l. in conmodato § sicut
[l. 17 § 3. D. 13, 6], C. de ac. et o. l. sicut [l. 5. C. 4, 10] et C. de don.
que sub modo l. perfecta donatio [l. 4. C. 8, 54 (55)]. ||. Dico, quod
licet dicatur inter viuos, illud est oppositum in obligationem. Vnde
dico, quod hic fuit dispositio in ultima voluntate et sortitur naturam
20 ultime voluntatis. Fiunt enim quidam actus inter viuos, qui tendant
(!) ad uitam, alij qui tendunt ad mortem; illi. qui tendunt ad viuos,
reputantur inter viuos facti, set illi, qui tendunt ad mortem, isti non
reputantur inter viuos, set potius in ultima voluntate et ideo naturam
ultime voluntatis sortiuntur. Et sic [*ut*] ultima voluntas potest quan-
25 doque ante mortem reuocari, sic et isti actus, ut tu uides in donatione
causa mortis; nam ista fit quandoque inter uiuos et sanos, inmo
sepissime, et tamen, quia tendit ad mortem, ob causam mortis ipsa
potest quandoque reuocari ante mortem sicut legatum, ut inst. de
don. (causa mor.), in principio [§ 1. I. 2, 7]. Et est ratio, quia ista
30 donatio, que fit causa mortis, tendit ad mortem, nam ille, qui dat
occasione mortis, eius est intentionis, quia ipse magis uult habere
illud quam donatarius, et ideo, quam diu viuit donator, potest reuocari.
||. Set quia donator magis uult, quod illud sit donatarij quam heredis,
morte donantis confirmatum (!), et sic illa donatio tendit ad mortem
35 donantis, ar. ff. (!) de donat., in prin. [§ 1. I, 2, 7]. et propter hoc
sortitur naturam eorum. que tendunt ad mortem, ut in dictis legibus
probatur. Et ideo, quia sepultura tendit ad mortem, vbi aliquis
elegit sepulturam, ibi poterit quandoque uariare et aliam eligere,
sicut ultima uoluntas potest mutari. ||. Pro hoc induco legem specia-
40 lem, nam licet stipulatio sit contractus inter uiuos, tamen vbi in

---

(1) *uoluntas*] *ms.* uocatus.

1 stipulatione fit mentio de mor-[*fol.* 192 *r°* 1] (1) te, sortitur naturam
ultime voluntatis. Vnde dicit lex : Seya, cum nuberet Titio, dedit X (2)
nomine dotis et subiecit Quinto Mucio, qui nichil numerauerat *set* (3)
stipulatus est a Titio marito illos X aureos sibi reddi, si matrimonium
5 solueretur morte Seye; deinde illa mulier in testamento suo ita cauit :
« Titio marito meo, cui marito gratias ago, dari uolo super dotem tot
aureos». Querebatur, nunquid Quintus Mucius teneretur? Et uidebatur
quod non, quia qui non est honoratus in ultima voluntate, non potest
onerari. set iste Quintus Mucius fuit honoratus inter uiuos, quia per
10 stipulationem. Tamen dicit lex, quod inmo tenetur, quia in ultima
uoluntate uidetur honoratus : ex eo, quod in stipulatione facta fuit
mentio mortis, uidetur esse stipulatus in causam mortis. || . Ergo et
hic iste testator elegit sepulturam et sic fecit mentionem mortis ordi-
nando de tali re, que non conpetit nisi mortuis. Et probatur ff. de con.
15 et de. l. condicionum que in futurum §I [l. 91, i. m. D. 35, 1]. in aut.
si ad exequi. fu. n. ue. [??] quia illa condicio (extat) demum post mortem inpleri potest, quia viui non sepeliuntur, ymo ille esset homicida.
qui uiuum sepeliret, ut ff. de mor. infe. l. necat (!) lex regia [l. 2. D.
11, 8], ff. de pe. l. pregnantis [l. 3. D. 48, 19]. Uidetur ordinasse in
20 causam mortis et ideo, cum tendit ad mortem, sortitur naturam
ultime uoluntatis, et sic potest quandoque mutari. Pro hoc induco
ff. de do. prele. l. Seya cum nuberet, ad fi. [l. 11. D. 33, 4]. || . Solutio
ad contrarium. Quod enim dicitur, quod vbi sunt duo contractus,
quod ultimus reuocat primum, ff. de ver. si. l. [*si*] cum fundum [l. 126.
25 D. 50, 16], dico : ibi non sunt due conuentiones set una, cuius
prima pars restringitur per secundam, sethic sunt [*due*] dispositiones.
Idem ad leges C. fllium quem habentem l. quotiens [l. 24 ; l. 10. C.
3, 36] : ibi non reuocatur prima dispositio, quia certa et indubitata
et secunda dubia, set hic secunda certa. Determinatio domini Jo. de
30 Samgneio in questione presenti.

|| . Guido de Caritate dicit quod ille § non fuit factus propter sepul-
turam, set propter legatum, quod Lucius debebat habere, si esset
adeo residuum de XL dandis. Cum *enim* (4) fuissent XL data Lucio, ut
curaret corpus Seye reduci in patriam, et si residuum quid esset, quod
35 illud esset Lucij, dubitabatur an Lucius deberet habere legatum, licet
remotus esset a cura corporis. Et dicitur ibi quod non, inmo eo ipso,

(1) *Entre le fol.* 191 *et le fol.* 192 *un feuillet a été arraché. On en aperçoit encore un lambeau.*

(2) X] *Dig.: centum.*

(3) *set*] *sic Dig. l. c.*; qui *ms.*

(4) *enim*] *ms.* n. *surmonté d'un tilde* (= non).

1 quod remouetur a cura, remouetur a legato, quod habebit (!) propter
curam. Et hoc verum est, ubi cura fuisset (!) apposita per *modum* (1),
ut in isto §. sic scilicet : « uolo dari XL Lucio, ut curet corpus meum
etc. ». || . Secus si sub condicione, non tolleretur legatum, ut ff. de con.
5 et de. l. si quis [*seruum*] liberum esse [l. 53. D. 35, 1], que est contra.
Et iste est intellectus huius §, et secundum hoc nichil facit ad istam
questionem, quia hic non queritur de ordinatione corporis, ut aliquis
faciat ius de defectu (?) relicti. Vnde iste § indubitanter totum
conuersum questioni, quia in questione prius testator ordinauit se
10 apud minores ad sepeliendum, et sic elegit certum locum, set secundo
conmisit executori- [*fol.* 19*2 r° 2*] bus, ut ordinarent, prout uiderent
melius expedire, et non elegit certum locum, set in § Seya certum,
quia primo non elegit certum locum ad sepulturam, bene dixit, quod
reporteratur in patriam (||). Secundo dixit, quod poneretur in mo-
15 numento filiorum, et sic elegit certum locum. Et sic apparet quod
iste § [*nichil*] facit pro ista questione. Vnde credo indubitanter, quod
male determinauit eam et debuit tenere partem contrariam, quia re
uera *dispositiones* (2) de corpore meo multa continent : sepulturam,
exequias, locum et alia. || . Et -ita est, quod. vbi testator uel alter
20 determinat aliquid certum et postea profert indeterminate generalem ordinationem, sub qua alias continetur illud determinatum,
non fit preiudicium determirato per generalem ordinationem. Et
ideo, si testator legat fundum Gallo et postea legat alij que(m) Titius
sibi legauerat, et inter alia Titius illum fundum testatori legauerat,
25 non f(u)it preiudicium *Gallo* (3) in illo fundo per generalem ordinationem relicto. Sic in proposito, cum dispositio corporis plura con-
tineat siue ordinatio, scilicet locum et exequias, et testator specialem
locum elegit, post [*ea per*] generalem ordinationem conmisit, illa
ordinatio indeterminate [*prolata*] non debet referri [*ad specialem*].
30 Et uidetur esse casus in ista questione l. uxorum (!) § felicissimo
et felicissime [l. 41 § 3. D. 32], ad hoc de ver. o. ff. l. doli clausula
[l. 119. D. 45, 1]. || . Vnde §. Seya facit ad talem : testator legauit
suis executoribus C; mutuait unum et alium substituit; nunquid
substitutus habebit portionem sublati ? Ar. est quod sic, et nisi fuis-
35 set § iste Seya, hoc anno esset disputata in hac villa. Set uidetur,
quod lex ff. de adi. le. alumpno § Seye (!) [l. 30 § 2. D. 34, 4] non
faciat pro hoc. || . Quia ibi in prima dispositione non conmisit
suam sepulturam. Jtem non destinauerat certum locum specialem,

---

(1) *modum*] *ms.* ricodum.
(2) *dispositiones*] *ms.* disponerent.
(3) *Gallo*] *ms.* titio.

1 set generalem scilicet suam patriam. Set in secunda dispositione
conmisit heredibus sepulturam et destinauit certum locum, scilicet
monumentum filiorum. Et ideo non est mirum, si prima dispositio
reuocetur, quia secunda specialior, ar. ff. de reg. i. l. in toto [l. 80].
5 ‖ . Item esto, quod prima esset eque specialis et certe adhuc debet
reuocari, quia secundo conmisit heredibus, de quibus est verisimile,
quod maiorem curam haberent de sepultura quam extraneus, ut
ar. (ff.) aut. iusiurandum quod pres. a mo., in prin. [Coll. V, 2. pr.
= Nov. 48). ‖ . Set hic prima dispositio fuit indubitata,set de secunda
10 dubitatur. Bene concedo, si certum esset, quod uellet, quod ipsi
disponerent de sepultura et vbiconque uellent, ibi sepeliretur, quia
tunc valet electio executorum. Set de hoc non est certum, quoniam
hec uerba : « executores ordinent de sepultura mea » possunt intelligi
de expensis ad sepulturam. Nisi tu dicas, quod expense ad sepulturam
15 non proficiant ad animam. Cum ergo uoluit, quod ordinarent [*fol.* 192
v° 1] de sepultura,prout melius uiderent expedire anime sue,uidetur in-
telexisse de loco vbi sepeliretur, quia magis expedit sepeliri in uno
loco quam in alio, ar. extra. de sepul. c. fraternitatem [c. 3 X. 3, 28].
qu. IV. Questio determinata. ‖ . Questio est talis. Consuetudo
20 est in Cartosia (1), quod minor ex quaconque actione non conpellatur respondere quousque peruenerit ad etatem legitimam. ‖ . Jtem
consuetudo est Parisius, quod minor conpellatur respondere solum
cum tutoris auctoritate uel curatoris. ‖ . Hoc supposito, quidam de
Cartasio fuit citatus Parisius ad parlamentum super rebus existen-
25 tibus in Cartosia; excepit, quod non tenebatur respondere, cum ipse
conueniretur super rebus existentibus in Cartosia, propter consuetudinem, que est in Cartosia, quod minor non tenetur respondere
quousque peruenerit ad legitimam etatem, quaconque actione conueniatur; ex aduerso dicebatur, quod ymo tenebatur respondere; modo
30 queritur, quam consuetudinem debeat *sequi* (2).

Dubium quéstionis uidetur esse in hoc quod doctores alibi dicunt.
‖ . Querunt doctores alibi, que consuetudo sit magis inspicienda,
utrum consuetudo que habet locum in iudicio aut consuetudo [*loci*
contractus. Aut est consuetudo] , que pertinet ad litis descisionem,
35 et tunc inspicitur locus contractus, ut ar. ff. de euict. l. si fundus
[l. 6. D. 21, 2]. ‖ . Aut est consuetudo, que pertinet ad litis contesta-

---

(1) Cartosia]*Ce vocable dont notre questio offre aussi la forme* Cartasium *désigne Chartres.*
Le scribe a dú confondre les noms latins de Chartres et de Chartreuse.

(2) *sequi*] *ms.* exequi.

1 tionem uel ordinationem, et tunc inspicitur locus iudicij, ut ff. de
testi. l. IIJ § ult. [l. 3 § 6. D. 22, 5]. ||. Et secundum hoc distin-
guitur in presenti questione : aut esset consuetudo, que pertinet ad
litis descisionem, et tunc non teneretur respondere; uel ad litis ordi-
5 nationem, et tunc tenetur respondere. Tamen ostendo, quod inspicienda est consuetudo que est Cartosie, et non illa que est Parisius.
Nam quemadmodum in inperio excellentior et conmunior est ciuitas
romana, ita in regno Francie conmunior et excellentior ciuitas est
Parisius, ar. ff. ad munic. l. Roma [l. 33. D. 50, 1]. Set ita in inperio,
10 quando ibi emergit casus iuris non determinatus, quod primo inspicitur consuetudo loci priuati quam comunis, scilicet Rome. Ergo et
in proposito primo inspicienda consuetudo Carnoti, quia priuata,
quam Parisius, que est comunis, ff. de leg. de quibus, in prin. [l. 32 pr.
D. 1, 3].
15 ||. E contra uidetur, quia magis inspicitur ciuitas parisiensis. Et
primo suppono, quod Carnotum pertinet ad iurisdictionem regis
Francie. Tunc arguo : ita ⌐ ℈ quod, vbi infimus magistratus habet
aliqua priuilegia insignia exercere, quandoque ueniunt (!) ad civi-
tatem romanam, istud privilegium non exercent; ergo vbi minor
20 habet priuilegium in Carnoto, quod ante legitimam etatem non conueniatur, istud priuilegium non exercet Parisius, ff. de of. procon. et le.
l. I et ult., per eandem viam C. de of. pre.pre. (uel) Ori. l. normam alias
formam [l. 1; l. 16. D. 1, 16 ; l. 2. C. 1, 26]. Et hec sunt argumenta
domini Andree Porchert.
25 ||. Jn presenti ratione due sunt vie : una utrum minor pretextu
consuetudinis, que est in Carnoto, con-[fol. 192 v°2] uentus Farisius
teneatur respondere Parisius; alia uia est, utrum non debeat uti Pari-
sius illa consuetudine. ||. Et in primis ostendo, quod pretextu con-
suetudinis Carnoti non possit minor conuentus Parisius uti. Et probo,
30 quia consuetudo non ligat nisi subditos, cum nititur tacito consensu
populi, quoniam alijs inperare non posset, cum sint pares, ar. ff. ad
Treb. l. ille a quo § tempestiuum [l. 13 § 4. D. 36, 1] et ff. de arb. l.
nam magistratus [l. 4. D. 4, 8]. ||. Cum igitur consuetudo Carnoti
dicat, quod minor ante legitimam etatem non possit conueniri, perinde
35 est ac si diceret, quod non possit conueniri Carnoti uel in eius iurisdictione, cum alibi non possit consuetudo operari. Set Parisius conue-
nitur; ergo apparet, quod ibi non extenditur consuetudo Carnoti,
cum sit conuentus extra territorium Carnoti. Pro hoc induco ff. de of.
pre. ur. [l. ult.]. [l.3. D.1, 12]. Sicut enim consuetudo Carnoti concedit
40 minori, quod non conueniatur ante XXV annos, sic conceditur a iure
presidi, quod possit animaduertere in homines delinquentes in sua

1 provincia, ut ff. de of. presi. l. illicitas § ueritas [l. 6 § 2 sqq. D. 1, 18].
‖. Set ita est. quod, si preses egrediatur suam prouinciam, non durat
sua potestas, inmo est priuatus. Ergo et in proposito, si consuetudo
Carnoti egrediatur territorium suum, non habet potestatem. Pro hoc
5 induco ff. de const. (!) presi. l.IIIJ, in prin. illius legis [l. 3 pr. D. 1. 18].
Ad hoc facit optime extra de sen. ex. c.[a] nobis sint ex parte etc.
[c. 21. X. 5, 39], vbi, si episcopus excomunicet omnes facientes furtum, restringitur ad subditos episcopi tantum.
‖. Ad oppositum uidetur, quod consuetudo Carnoti inspicienda sit
10 Parisius et secundum eam iudicandum esset, si litigetur de rebus
existentibus Carnoti. Et probo sic. ‖. Sicut uideo, quod quis pro rebus
conueniendus [est] reali actione ciuiliter et naturaliter vbi res sunt,
ut C. vbi in rem actio. l. I et ult. [l.1. l. 3. C. 3, 19], *ita* vbi quis
promisit se soluturum certo loco, principaliter et naturaliter debet
15 ibi conuenire, ut ff. de bo. auc. iu. l. 1 et 1J et IIJ. [D. 42, 5] et
ff. de ac.' et o. l. contraxisse [l. 21. D. 44, 7]. ‖. Jtem sicut uideo,
quod ratione rei aliquis ibi potest conueniri ratione domicilij,
ita vbi quis promittit certo loco, ar. ff. de iudic l. qui legatus (!) et
l. heredi (!) absens § ult. [l. 38; l. 19 § 4. D. 5, 1]. Set ita est, ubi pro-
20 mitto soluere certo loco et ratione huius conuenior alibi, quod inspicitur utilitas loci, vbi conueni soluere et extenditur ad locum iudicij.
Set utilitas est, quod non conueniatur ante conpletam *etatem* (1),
ergo etc. Pro hoc induco ff. de eo quod cer. lo. l. 1J et IIIJ. et l. nunc (?)
de off. [l. 2: l. 3. D. 13, 4] (2).
25 ‖. Ista questio uidetur determinari per sententiam doctorum, set
nichil facit. Dicunt doctores : cum sunt due *consuetudines* (3), una
in loco contractus, alia in loco iudicij, si queratur quam in iudicando
iudex debeat obseruare (‖), aut est consuetudo, que spectat ad litem
siue ad litis descisionem, et tunc inspicitur consuetudo contractus
30 et secundum eam iudicandum esset, ut ff. de euic. l. si fundus [l. 6.
D. 21, 2.], que hoc non dicit; (‖) aut pertinet ad litis ordinationem
et inspicitur consuetudo iudicij, ar. ff. de testi. l. IIJ § ult [l. 3 § 6 D.
22, 5] [*fol.* 193 *r°* 1] (4). Et secundum hoc uideretur esse distinguendum, utrum consuetudo, que est Carnoti, sit descisoria litis et tunc
35 erit inspicienda. aut pertinet tanquam litis ordinatoria et tunc debet
inspici consuetudo patrie vbi agitur.
‖. Et quod ista consuetudo, que dicit. quod minor non respondeat

---

(1) *etatem*] *ms.* utilitatem.

(2) *Je n'ai pas réussi à identifier la dernière citation.*

(3) *consuetudines*] *ms.* conuentiones.

(4) *Entre le fol. 192 et le fol. 193 on aperçoit le lambeau d'un feuillet arraché.*

1 ante conpletam etatem, sit descisoria litis et non ordinatoria, probo.
Illud, quod inducitur pro uno, non debet eius contrarium (esse) inducere. Et ideo lex dicit, quod legata non utiliter relicta per ademptio-
nem non confirmantur; et est ratio, quia ademptio inducitur ad tol-
5 lenda legata, et ideo non debet ea(m)inducere, ar. ff. de adim. et transf.
le. l. legata inutiliter [l. 14. D. 34, 4]. ‖ Cum ergo consuetudo ista
sit inducta ad tollendam litem in minori etate, non potest dici, quod
inducat ordinationem litis, et sic non est ordinaria(!). ‖ .Jtem pro hoc
induco legem specialem. Dicit testator : «seruo (!) meo (!) Miciforo (!),
10 nisi rationem reddideris, liber ne esto»; Muforus (!) reddidit rationes;
nunquid erit liber ? Lex dicit quod non, et est ratio, quia ista uerba
(non inducetur ergo et hic)«nisi rationes reddideris, etc. » sunt apposita
ad inpediendam libertatem, et ideo per ista uerba non inducetur.
Ergo et hic ista consuetudo est inducta ad inpediendam litem mino-
15 rum, ergo litem non ordinabit, et sic consuetudo non ordinatiua litis.
‖ . Pro hoc induco legem ff. de ma.te. l.Titia § Lucius [l. 59 § 2. D.40, 4]. .
Vnde ista consuetudo est descisoria litis, quod probatur. Conparantur
res et tempus, quia quemadmodum aliquis dicitur plus uel minus
soluere re, ita et tempore, ut inst. de act. § plus autem [§ 33 a. I. 4, 6].
20 ‖ . Set ita est in rebus, quod id, quod inducitur ad diminutionem
rerum, non potest res inducere. Ergo id, quod inducitur ad diminutionem temporis, non inducet tempus. Set ista consuetudo diminuit
litem ad tempus et sic est diminuens uel descissoria litis ad tempus .
et non ordinaria (!) uel preparatoria, cum litem non inducat set repel-
25 lit. Ar. ad hoc : testator, cum nichil legasset Titio, dixit : « ex C,
que legaui Titio, *heres dato* (¹) L Seye»; nunquid per illa uerba : « ex
[C] que legaui(t) » intelligantur saltim L Titie (!) [*legata*]? Et dicitur
quod non, cum testator posuit illa uerba ad diminutionem legati
et ideo non inducet, ar. ff. de con. et de. l. cum tale § ult. [l. 72 § 8.
30 D. 35, 1]. Et sic descissoria. ‖ . Verum inspicienda est causa desci-
dende litis ad tempus, ar. inst. de act. § plus. [§ 33 a. I. 4, 6].
‖ . Set contra uidetur et ostendo, quod non descissoria. Nam
sicut consuetudo quandoque pertinet ad descisionem litis, sic et sententia quandoque, ar. ff. de arb. l. diem [l. 27. D. 4, 8] et ff. de re(i) iu.
35 l. I [l. 1. D. 42, 1]. Set ita est in sententia, quia non dicitur descissoria,
nisi inponat finem controuersie: ergo nec consuetudo. Set per hoc, quod
consuetudo differt litem minorum usque ad maiorem etatem, non
inponit controuersie finem; ergo apparet, quod non est descissoria,
ar. ff. de arb. l. non distinguemus § quesitum [l. 32 § 16. D. 4, 8]. Et

---

(1) *heres dato*] *ms.* heredi.

1 sic ista [*fol.* 193 *r*° 2] consuetudo est preparatoria magis et sic non
debet inspici, set consuetudo iudicij secundum distinctionem doctorum.

§. Si ego uterer illa distinctione, ego considerarem cuius etatis esset
5 minor ille,cuius causa agitur. Si esset tante etatis,quod [*non*] multum
distaret a perfecta etate, ut quia iam habet XXIIIJ annos, tunc non
iudicare[*m*] consuetudinem descissoriam litis, set tantum dilatoriam,
cum de modico non sit curandum, quia magnum non affert preiudi-
cium, ar. ff. de iudi. l. [*si*] debitori [l. 21. D. 5, 1]. || .Si (non) multum
10 distat a legitima etate,ut quia forte adhuc est pupillus, tunc dico, quod
est descisoria seu peremptoria, quia illa paria que fiunt in perpetuita-
tem seu ad non modicum tempus, ar. ff. si ager. uec. pe. l. ult. [l. 3. D.
6, 3] et ar. eorum que no. C. de preci. inper. of. l. quotiens [l. 2. C.
1, 19]. || . Set tu dices : questio (1) non supponit istam distinctionem.
15 Jtem non uidetur, si (2) debitor exspectet minorem, quia potest ei
petere tutorem uel curatorem et sic agere cum minore; vnde cum
possit facere quod agat, posse facere uidetur, ff. de reg. i. l. qui potest
[l.134 (174)].Si ergo facit dampnum,sentit [*ex*] sua culpa, vnde sentire
non uidetur, ff. de reg. i. l. quod quis [*ex*] culpa [l. 203]. Dico inmo non
20 est sibi inputandum, si non petat tutorem, C. qui pe. tu. l. I et l. a[*d*]-
mone [l. 1 ; l. 7. C. 5, 31]. || . Quando autem dicatur distare multum a
legitima etate uel non multum, dico istud non est iure determinatum
et ideo arbitrio iudicis relinquitur,ar. ff. de iure deli. l. I. || ait pretor
[l. 1 § 1 sq. D. 28, 8]. Tamen ista distinctione non utar.
25 || Vnde ego dico idem in questione proposita siue consuetudo Carnoti
sit preparatoria litis siue descisoria et alibi conueniatur quam Carnoti.
Et uidetur prima facie, quod ista consuetudo non sit aliquo modo
dubia. || Nam consuetudo Carnoti dicit, quod minor ex quaconque
actione lege non potest conueniri, et sic uidetur ei dare priuilegium in
30 personalibus actionibus tantum, quia appellatione actionis pro pre-
sumpto uocabulo sumitur pro actione personali tantum,ut ff. de ac. et
o. l. actio in personam (tantum) [l. 28. D. 44,7],et consuetudo,[*cum*] sit
stricti iuris, debet intelligi in actione personali, ar. ff. de le. IIJ l. non
aliter [l. 69. 3, 32]. Tunc arguo : questio dicit, quod minor conuenie-
35 batur Parisius super rebus existentibus Cartoni (!); ista dictio « super »
denotat realem actionem, scilicet ypothecariam, quia « super » denotat
obligationem pignoris, ar. ff. de .rebus eo. qui sunt sub tu. uel, in
rubrica [D.27, 9] vbi dicitur « non supponendis ». exponitur obligandis,
et idem est in uerbo «super» uno. Conueniatur Parisius super actione

---

(1) questio] *Ce mot est abrégé irrégulièrement :* quo *surmonté d'un tilde*.
(2) si] *Je serais tenté de corriger* si cn : quod.

1 reali et consuetudo Carnoti eum priuilegiet tantummodo in actione
personali; ipse tenetur respondere Parisius, quia nichil fit per hoc
contra consuetudinem Carnoti, quin eo ipso, quod consuetudo priui-
legiat minorem in personalibus, non propter hoc priuilegiet in realibus.
5 Cui enim con- [*fol.* 193 *v*° 1] ceditur inmunitas in personalibus, non
propter hoc et realium, ut C. de (in)mu. patri. l. qui inmunitatem
[l. 3. C. 10, 42 (41)] et de excu. mu. l. IJ. libro X. [l. 2. C. 10, 48 (47)]
et sic non uidetur dubia ista et realis.||. Jtem (!) (1) appellatione
actionis non solum personalis, set realis actio continetur, ar. ff. de ac.
10 et o. l. obligationum (!) duo sunt genera [l. 25. D. 44, 7]. Quid ergo
dicam?||. Respondeo in questione proposita : iste minor conuentus
Parisius super rebus existentibus Carnoti non se iuuabit pretextu
consuetudinis, que est in Carnoto, vnde ista consuetudo [*non*] est exten-
denda Parisius. Et probo sic. Et primo suppono, quod consuetudo
15 dicitur esse tunc demum in eo casu, vbi ius non est scriptum; quia si
esset scriptum, in eo casu non diceretur consuetudo, nam consuetudo
distinguitur a iure per oppositum ut scriptum, ut inst. de iure na.
§ ex non scripto [§ 9. I. 1, 2].||. Suppono etiam, quod ista consuetudo
que minori dat priuilegium, quod non respondeat ante legitimam
20 etatem, vbi minor non haberet tutorem uel curatorem, istud esset ius
scriptum et non consuetudo, quia minor sine auctoritate tutoris uel
curatoris non potest conueniri, C. si aduer. rem. iu. l. cum et [*minores*]
uos, et ibi glosa notat [Acc. glo. *nullam* in l. 4. C. 2, 26 (27)].||.
Jntelligenda est ergo, ut procedat in casu, vbi minor habet tutores.
25 Tunc arguo : ista questio dicit, quod minor XXV annis non teneatur
respondere; est contra rationem, est enim multum irrationabile, ut
debitor debitum suum exspectet quousque minor efficiatur maior. Et
ideo cum ista consuetudo sit contra rationem, non debet ad alium
locum extendi, ar. ff. de le. l. quod uero contra rationem et l. ius sin-
30 gulare [l. 14; l. 16. D. 1, 3], et sic non debet extendi usque ad Parisius.
||. Jtem si extenderetur, iam esset dilationes ampliare. Cum consue-
tudo de minori dilatione (!!) et materia dilationum amputanda est, ergo
non debet extendi, C. de dil. l. I [l. 1. C. 3, 11] et de tem. et repara.
l. IJ. [l. 2. C. 7, 63].||. Jtem ad hoc induco legem specialem. Et primo
35 conparo locum et tempus, ar. ff. si cer. pe. l. vinum (2) [l. 22. D. 12, 1]
et inst. de act. § plus [§ 33 e. I. 4, 6]. Set ita est, vbi datur dilatio
usque ad certum tempus, illa non extenditur ultra illud tempus. Ergo

(1) Item (!)] *Si le texte ne contient aucune lacune, il faut évidemment lire : Contra, E
contra ou un autre mot analogue. Je pencherais plutôt pour l'hypothèse d'un bourdon, la confusion entre l'abréviation de Item et l'abréviation de Contra paraissant peu probable.*

(2) vinum] *Ce mot a, dans le ms, un jambage de trop.*

1 vbi datur dilatio usque ad certum locum, non extenditur ultra illum
  locum. || . Cum ergo consuetudo Carnoti det dilationem minoribus in
  Carnotis, (conuentio) ista consuetudo non debet ad alterum locum
  extendi, sic apparet, quod non ad locum Parisius. || . Pro hoc induco
5 legem que dicit : si ego do tibi dilationem usque ad Pascha non petendi
  a te debitum, post Pascha non proderit tibi ista dilatio. ut ff. de pactis
  l. si unus § si cum [r]eo [l. 27 § 1. D. 2, 14]. || . Quod ista consuetudo
  habeat locum tantum in Carnoto, probantur siue sabbatina « et consuetudo » siue lege ff. de ac. re. do. l. I § alluuio [?] (1) set ista est
10 ius [fol. 193 vo 2] non, quod restinguitur (!) ad territorium in quo
  fertur, quia ultra non valet; ergo nec consuetudo, ar. ff. de iur. om.
  iu. l. ult. [l. 20. D. 2, 1]. || . Non obstat ff. de euic. l. si fundus [l. 6. D.
  21, 2], vbi dicitur, quod inspicitur consuetudo loci, vbi contractum est.
  Solutio : si in illo loco petatur cautio, alias non, quia illa lex non dicit,
15 quod si alibi petatur, quod consuetudo inspiciatur. || . Uel dicas : sup-
  posito quod hoc diceret, non obstat, quia illa loquitur de rationabili,
  que bene potest extendi, non quia consuetudo, set quia ratio non obstat, ff. de leg. l. de quibus, in prin. [l. 32. D. 1. 3], quia quod dicitur,
  quod priuata consuetudo inspicitur et non romana dico verum est, si
20 agatur loco priuato. Uel dic ut prius : verum est , si sit rationabilis.

qu. V Questio determinata. || . Questio talis est. Quidam nobilis
  habebat stangnum ; ex aqua illius stangni molunt molendina cuiusdam
  abbatie, et ita fuit a tempore tanto, a quo non extat memoria ; deinde
  a casu aqua mutauit alueum et fecit nouum alueum ; in nouo alueo
25 iste nobilis fecit molendina ; ista aqua non sufficit utrisque molendinis, scilicet nobilis et abbatie ; nunquid ista abbatia habet aliquam
  actionem contra nobilem, ut obturet nouum alueum uel muniat antiquum ? Hoc est querere utrum abbatia iure suo possit reficere antiquum alueum et munire ita, quod uadat ad sua molendina.
30 || . Primo ostendo, quod ecclesia non habet actionem ad obtu-
  randum uel contra nobilem. Et primo suppono, quod flumina anti-
  qua obturet (!?), quia de priuato transferuntur in publicum et e contrario de publico in priuatum, ut ff. de ac. re. do. l. (quid) ergo §
  alluuio [l. 30 § 3. D. 41, 1]. Cum ergo aqua mutauit alueum et fecit
35 nouum, de hoc non potest ecclesia conqueri, quia hoc potuit aqua
  facere. || . Jtem nec de hoc, quod nobilis fecit molendinum in nouo alueo,
  quia in suo licet cuilibet facere quod prodest, licet alij officiat. Vnde in
  meo possum fodere, licet uenas putei vicini rumpam, ut ff. de damp.
  in. l. Proculus [l. 26. D. 39, 2]. || . Cum ergo nobilis fecerit molen-

---

(1) La l. 30 § 3. D. 41, 1 qui semble être visée ici ne saurait être invoquée à aucun titre dans
cette discussion. Le passage qui suit est corrompu. (lacunes?)

1 dinum in suo, licet per 7hoc non possit molere molendinum abbatie,
tamen, quia prodest nobili, de hoc non potest conqueri. (1) Apparet
ergo, quod abbatia nullam habet actionem contra nobilem.

[*Ad oppositum*] sic ostendo. || . Tempus a quo non extat memoria pro
5 constitutione seruitutis habetur ff. de aqua plu. ar. l. I. ad fi. [l. 1 § 23.
D. 39, 3], de aqua co. et es. l. (ex) hoc iure § ductus aque [l. 3 § 4
D. 43, 20]. || . Tunc arguo : si nobilis constituisset seruitutem, ipsa (2)
posset alueum antiquum reficere, et etiam contra eum inpedientem
confessoria actione egere posset abbatia, ut ff. si ser. uen. l. loci corpus
10 § si quis michi [l. 4 § 5. D. 8, 5], et ita intelligitur ff. de iti. ac. que
pri. l. ueteres [fol. 194 r° 1] (3) et l. prohibet (!) § p. [l. 4; l. 5 § 3.
D. 43, 19]. || . Cum ergo ista abbatia habeat [*a tempore*] a quo non extat
memoria ius molendi ex aqua illius stangni, potest reficere illum alueum
et habet confessoriam actionem contra inpedientem. Set tu dices : inmo
15 nobilis dominus potest in suo facere molendinum et aquam aduocare,
quia hoc sibi prodest, ar. ff. de damp. in. l. Proculus [l. 26. D. 39, 2].
|| . Respondeo : bene verum est, quod cuilibet licitum est facere in suo
quod sibi placuerit et quod sibi prodest, nisi alius ibi ius habeat; set si
alius habeat ibi ius, non potest aliquid ibi fieri ad preiudicium illius
20 iuris, etiam si prodesset domino ; quia abbatia habet institutum ius in
aqua per tempus a quo non extat memoria et ideo in preiudicium eius
nichil licet fieri, et probatur ff. de aqua p. ar. l. in concedendo et l. in
diem. [l. 8 ; l. 9. D. 39, 3]. Hec sunt argumenta v^i (!) Dominici.

|| . Jsta questio dicit, quod nobilis habet stagnum ; non dicit utrum
25 publici uel priuati. Ex hoc uidetur esse dubium, quia verbum habere
dupliciter sumitur. Uno modo pro eo, qui dominus est, et secundum
istam assumptionem non loquitur de publico, quia aliquis non est
dominus publici, ut notat glosa insti. de rerum di. § I [pr. J. 2, 1]
super uerbo quedam publica etc. (||). Contra tamen J. e. ti. § riparum,
30 ad fi. [§ 4, c. f. J. 2. 1]. Alio modo habere sumitur pro detinere, et
secundum hoc posset loqui de stangno publico. Et quod dupliciter
dicatur quis habere, probatur j. de ver. si. l. habere duobus modis
[l. 188. D. 50, 16]. || . Dico tamen, quod ista questio sumitur et loquitur
de priuato stangno. Nam verbum habere ex prima sui significatione
35 et per prius conpetit domino, et ideo exponitur : habetur id est uidetur
haberi j. de ver. si. id antequam, alias apud quem (!) [l. 143. D. 50, 16], et
ideo in dubio debet sumi in sua propria significatione, ar. ff. de exerci.
l. I § si quis (!) nauem ver. in re igitur dubia [l. 1 § 20, c. f. D. 14, 1] et

(1) *Je compte étudier ailleurs la théorie de l'abus du droit chez les légistes.*

(2) ipsa] *ms.* ipso.

(3) *Entre le fol. 193 et le fol. 194 on aperçoit le lambeau d'un feuillet arraché.*

1 de le. IIJ. l. non aliter [l. 69. D. 32] inst. de iure na. gen. et ci. § [*set*]
quotiens [§ 2, i. m. I. 1, 2], ar. ff. de donat. l. filiusfam. § [*set enim*]
meminisse [l. 7 § 5. D. 39, 5]. Et hoc uidetur supponere (‖) questio.
Dicit, quod aqua fecit nouum alueum et dicit nobilem dominum noui
5 aluei. Apparet igitur, quod non loquitur de publico stangno, quia
alueus sequeretur aquam et efficc[*re*]tur publicus. Set in priuato non
mutatur dominium aluei, ut ff. de ac. re. do. l. (quid) ergo § alluuio et
l. adeo § quod si (ex) toto [l. 30 § 3 ; l. 7 § 5. D. 41, 1] et ff. qui. mo.
ususfr. a. l. si ager et l. cum ususfructus orti [l. 23; l. 24. D. 7, 4]. Vnde
10 dico, quod loquitur in priuato stangno. Tamen idem dicerem in publico.
=. Primo ostendo, quod abbatia possit obturare (uel munire) nouum
alueum, ut sic aqua ueniat per solitum cursum ad molendina. Dicit
enim lex : si habeo seruitutem stillicidij recipiendi in domo mea et
domus mea destruatur, et sic non possum uti iure meo, ego potero
15 reficere domum meam usque ad modum. quod possim uti seruitute
mea. ‖ . Sic et in proposito permittendum est abbatie reficere alueum,
ut possit uti [*fol.* 194 *r*º 2] iure suo, ut possit molere secundum ueterem qualitatem, ar. ff. de ser. rus (!) pre. l. seruitutes que in superficie
§ si sublatum et § (si) stillicidium [l. 20 § 2 § 5. D. 8, 3]. ‖ . Jtem lex
20 dicit : preses prouincie prouidebit, ne fiat aliquid contra ueterem formam seruitutis. Cum ergo abbatia habeat seruitutem molendi ex stangno per longissimum tempus, preses prouidebit, ne aliquis contra istam
ueterem formam faciat uel innouet aliquid, ut C. de seruit. aque (!)
l. si manifeste [l. 7. C. 3, 34].
25 ‖ . Contra abbatiam arguo sic. Lex dicit : tu habes fundum, cui
fundus meus debet seruitutem recipiendi aquam pluuie de fundo tuo,
et istam seruitutem habes pone constitutam per tempus a quo non
extat memoria ; contingit, quod ibi congeruntur aggeres sine facto tuo
et sic inpeditur uenire aqua ad fundum meum, et sic ex hiis aggeribus
30 lucrum seminum amisi[*sti*], quia modo non recipio aquam sicut sole-
bam ; postea tamen isti aggeres destruuntur, scilicet, inpetu aque ;
nunquid sit michi licitum reficere illos aggeres ? ‖ . Dicit, quod de iure
stricto non, set de equitate sic, si sibi non nocet et michi prodest. ‖ . Sic
in proposito, sicut tu habebas seruitutem tempore quesitam, ita et
35 alluuionem (?!) in stangno. Jtem si aggeres rupti sunt casu, hic stangnum casu fecit alium alueum. Set ibi dicitur, quod non licet reficere
aggeres in preiudicium tuum, ergo non est licitum abbatie reficere
alueum in preiudicium domini. Pro hoc induco ff. de aqua p. ar. l. *II* (1)
§ item Uarus § apud Namus*am* (2) et § se. [l. 2 § 5 sqq. D. 39, 3].

(1) l. *II*] *ms.* l. L.

(2) namus*am*] *ms.* namus. I. *L'hypothèse légale est rapportée inexactement. Peut-être le passage est-il corrompu.*

1 ‖. Solutio. Dico in questione presenti, quod refert utrum abbatia
uelit reficere antiquum alueum uel [*obturare*] nouum. Si uelit reficere
antiquum, potest, quia in (m)eo habet seruitutem et ideo ratione iuris
sui potest illum reficere, ut ff. de ser. ti. ge. l. si tibi (!) legatum [l. 10.
5 D. 8, 1], ff. de ser. ur. pre. l. seruitutes que in superficie § si domo
[l. 20 § 1. D. 8, 2] et de ser. rus. pre. l. Quintus [l. 15. D. 8, 3]. Cum
ergo abbatia habeat ibi ius quesitum per tantum tempus a quo non
extat memoria, poterit illum locum reficere (uel obturare), licet per
hoc auferat lucrum alij, quia aliquis in suo potest facere ad sui
10 conmodum, licet lucrum (non) auferat alij, ar. ff. de damp. in. l. Proculus et l. in meo (!) [l. 26. D. 39,2; l. 21. D. 39,3] et ff. de aqua p. ar.
l. I. § denique [l. 1 § 12. D. 39, 3]. ‖. Si uero abbatia uelit obturare
nouum alueum et ibi operari, ne per illud (!) aqua ueniat, dico quod non
potest, quia nullum ius habet ibi. Quod probatur: sicut enim a tempore a
15 quo non extat memoria seruitus queritur, ut dictum est, sic concessione
principis, ut ff. de fluminibus. quominus [l. 2. D, 43, 12] et de aqua
co. et es. [*fol.* 194 v° 1] l. *I.* § *p.* (1) [l. 1 § 39 sqq. D. 43, 20]. Set ita est
quod, si princeps concedat seruitutem aque ducende per certum
locum, in alio loco is, cui facta est concessio, pullum ius habet. Ergo nec
20 hic. Pro hoc induco ff. de aqua co. et es. l. hoc iure § si aquam [l. 3 § 2.
D. 43, 20]. Set nullum ius in eo habet, ergo nichil potest ibi facere. ut
ff. si ser. uen. l. sicut (i) § ambo (') [l. 8 § 5. D. 8, 5]. ‖. Set tu dices :
inmo in nouo alueo potest facere, sicut in antiquo facit ratione aque,
et alueus nouus cedit aque, ergo etc Dico verum est, quod alueus cedit
25 flumini publico, ut ff. de ac. re. do. l. adeo § quod si (ex) toto [l. 7
§ 5. D. 41, 1] ff. qui. mo. ususfr. a. l. si ager cum l. sequenti [l. 23 sq.
D. 7, 4]. Set in priuato secus, quia aqua sortitur naturam fundi et cedit
alueo. ‖. Uel dic secundum glosam : alueus sortitur naturam fluminis
publici, verum est quo ad hoc, ut publicus fiat, set non quo ad serui-
30 tutes et alia. Et sic intelligit glosa ff. de ac. re. do. l. adeo [§ *quod si toto.*
D. de aq. co. et es. l. hoc iure] (2) § si aquam. [l. 7 § 5. D. 41, 1 ; l. 3 § 2.
D. 43, 20].

‖. Opponitur contra me. Dici quod in ueteri alueo licet reficere,
quia seruitus ibi durat. Contra : quedam sunt seruitutes, que respi-
35 ciunt superficiem non solum. Tamen scio, quod omnes respiciunt
solum propter se. solum propter superficiem (3). ‖. Que respiciunt

(1) l. *I* § *p.*] *ms.* l. p. § I.

(2) *Seul, ce bourdon explique la citation inexacte du texte. La glose d'Accurse ne fait nulle
part la distinction que notre texte lui prête. La glo. interrupta in l. 3 § 2 D. 43, 20 ne saurait
avoir la portée qu'on lui attribue ici.*

(3) *J'ignore de quelle façon on pourrait émender ce passage corrompu.*

1 superficiem, sublata superficie tolluntur, ff. de ser. rus. pre. l. certo
genere agrorum [l. 13. D. 8, 3]. Set ille, que principaliter respiciunt (1)
solum, sunt perpetue sicut et solum, ut ibi dicitur. Tunc arguo : ius
seruitutis molendi respicit superficiem, scilicet aquam, et non solum
5 id est alueum; cum igitur sit sublata aqua. quomodo poterit durare in
alueo seruitus ? Respondeo : inmo potest, quia, sicut supponit, tota
aqua non dimisit alueum antiquum, quia dicit questio. quod aqua
non sufficit utrisque molendinis; supponit ergo, quod aqua remansit, set non sufficit. Tunc dico, quod per partem retinetur tota
10 seruitus, ar. ff. de ser. ti. ge. l. ut pomum § ult. [l. 8 § 1. D. 8. 1] et de
ser. rus. pre. l. una est via, ad fi. [l. 18 i. f. D. 8, 3]. Preterea et si
tota dimisisset alueum, dico quod in antiquo retinetur seruitus usque
ad tempus, quod sufficit ad amittendam seruitutem, quia ante illud
non amittitur, ar. ff. de ser. rus. pre. l. Attilicinus cum § precedenti
15 [l. 34 § 1; l. 35. D. 8, 3]. etiam ar. ff. quemadmodum ser. a. l. si locus
l. 14. D. 8, 6]. ‖ .Secundo opponitur. Dixi supra, quod ueterem alueum
potest reficere, set nouum non, et sic distinxi. Set contra : inmo indistincte licitum est reficere, nam lex dicit si quis in subgrundo uel pro-
tecto habeat congnoscere uulgo ad iter (2), potest teneri actione
20 in factum ex edicto de eiectis et effusis, ut l. si uero § pre- [fol.
194 vo 2] tor ait [l. 5 § 6. D. 9, 3.]. Pone ergo *aliquis* (3 istud nociuum
[*non*] ponit set *positum* (4) ab alio detinet uel patitur; nunquid tenetur?
Lex dicit quod sic. Sic in proposito abbatia habebat in aqua stangni
seruitutem, dum fluebat per alueum antiquum ; nouus alueus eam
25 detinet et sic succedit antiquo; vnde tenetur abbatie sicut primus, ar.
ff. de hijs qui deie. uel effu. l. si uero § propositum (!) habere [l. 5 § 10.
D. 9, 3]. ‖ . Solutio. Illud edictum loquebatur de detinente, seruitus
uero loquitur de nouo alueo; vnde ibi tenetur ex uerbis edicti non vi
successionis. ‖ . Set adhuc contra : receptans et recepta*tor* (5) eodem
30 iure censentur et ideo, sicut delinquens punitur, sic receptator. Ergo
et hic, sicut aqua stangni debebat seruitutem molendinis abbatie, sic
receptans aquam, scilicet nouus alueus. Pro hoc, ff. de recep. l. I
[l. 1. D. 47, 16] et C. de exj. pe (!). l. una. [= l. 1. C. 9, 39 ?]. (d e t e r m i -
t i o   q u e s t i o n i s) (‖). Determinatio domini Hermanni de Blistam, in

(1) rescipiunt] *on compte dans ce mot un jambage de trop.*
(2) cognoscere uulgo ad iter] *passage corrompu, dont le sens apparait par la comparai-*
son avec la l. 5 § 6. D. 9, 3.
(3) *aliquis*] *ms.* ad.
(4) *positum*] *ms.* ponit non.
(5) recepta*tor*] *ms.* receptatus.

1 principio domini Dominici, anno quo supra die sabbati post assumptionem beate Marie Uirginis.

qu.VI. ‖ . Questio talis est. Maritus et uxor habent comunem filiam ;
promissa sunt X pro dote marito filie ; cum pater filie non haberet rem
5 uenalem, rogauit uxorem suam sic : « concedas michi res tuas dotales
ad uendendum et tu habebis fundum meum Titianum in reconpensationem ; deinde maritus uendidit fundum Titianum de consensu mulieris, et suppono quod ualeat ; proximior de genere mariti uult retrahere illam uenditionem de consuetudine ; queritur nunquid potest ?
10 ‖ . Primo ad euidentiam huius questionis ego suppono, et ita est de
iure, quod res dotalis (non) potest uendi a marito uel permutari uel alio
modo alienari (etiam) (1) consensiente uxore, (ut C. de rei ux. ac. l.
vna § item (!) lex Iulia [l. un. § 15. C. 5, 13] et inst. quibus ali. licet uel
non, in prin. [pr. I. 2, 8.]). ‖ . Ex hoc enim, quod maritus posset istas res
15 uenales uxoris uendere, supponitur, quod ualeat reconpensatio uel permutatio de fundo Titiano cum illis rebus uenalibus facta. Et illud potest
esse de iure, quod ualeat permutatio rei dotalis, ut in hoc esset utilitas
mulieris, ut ff. de iure do. l. ita constante [l. 26. D. 23, 3] et ff. de
pactis do. l. si mulier et l. cum maritus [l. 21 ; l. 29. D. 23, 4]. Vnde
20 suppono, quod (non) teneat permutatio hic. ‖ . Jtem quod sit dotalis.
Quod probatur, aliter enim careret (2) (de) pretio et re ; scilicet rebus
uenalibus dotalibus, item pretio id est eo, quod habetur pro pretio, scilicet fundo dato in conpensationem ; quia, si non esset dotalis, iam
maritus non haberet dotem. ‖ . Jtem fundo modo quem dedisset
25 [fol. 195 r⁰ 1] pro uenalibus rebus (3), quod esset iniquum, scilicet
quod quis careat re et pretio, ut ff. de ac. emp. l. emptorem, ad fi.
[l. 11 § 18. D. 19, 1]. Et ideo suppono quod hic permutatio tenuit.
 ‖ . Jtem secundo suppono (4), quod iste fundus Titianus, quem
maritus paterque filie dedit pro rebus uenalibus, factus sit dotalis.
30 Et probo, quia, si non esset dotalis, non esset questio, utrum maritus possit uendere sine consensu mulieris, cum suus esset et sic

(1) (non)... etiam]. *La suite du texte démontre la nécessité de ces corrections. Les cita-*
tions qui suivent doivent être considérées comme des additions maladroites. Le passage
fait allusion à l'aliénabilité de la dot dans les hypothèses particulières des lois ita constante,
si mulier, etc. On n'y a pas réfléchi et, croyant que la proposition énonçait un principe géné-
ral, on l'a interpolée.

(2) careret] *ms.* caueret.

(3) Jtem fundo modo quem dedisset pro uenalibus rebus] *semble être un* *pléonasme.*

(4) Item secundo suppono] *Cette formule maladroite — on attendait plutôt l'expression :*
Item ad idem — introduit un nouvel argument en faveur de la thèse qui est défendue ici.

1 proximior ueniret ad retractionem. Et ideo, *ut* (1) sit dubitabilis
questio, michi uidetur, quod habeam necesse supponere, quod
iste fundus fuit dotalis, ut supra dixi, ut ff. so. ma. l. si cum
dotem § si pater filia [l. 22 § 3. D. 24, 3], ff. de iure do. l. si mulier et l.
5 cum maritus. [l. 21; l. 29. D. 23, 4]. ‖ . Hiis suppositis arguo primo,
quod proximior mariti possit uenditionem factam a marito de isto
fundo Titiano retrahere. Et primo suppono, quod de consue[*tudine*]
proximior potest retrahere rem uenditam a suo proximo, et infra
annum et diem. ‖ . Jtem tunc arguo : sententia doctorum (2) est uerior,
10 quod maritus sit dominus rei dotalis, ut C. de iure do. l. de hiis [l. 11.
C. 5, 12] et de rei uen. l. doce(m) ancillam [l. 9. C. 3, 32] et determina-
tur (3) hoc C. de iure do. l. in rebus [l. 30. D. 5, 12]. Maritus ergo uendit
fundum Titianum ; iste erat dotalis ; maritus est dominus ; ergo uendidit maritus rem suam. Set vbi uendidit quis rem suam,[*ad*]mittit[*ur*]
15 proximus ad retrahendum. Ergo in isto casu proximior debet admitti
‖ . Ad oppositum quod proximior mariti non admittitur. Et ostendo
sic. Et primo ad dissolutionem cuiusdam brocardi. Dicunt enim quedam iura : qui confirmat, dat ; alia : qui confirmat, non dat. Ista iura
sic dissoluuntur : qui confirmat illud, quod est alias utile, tum qui
20 confirmat non dat, set magis declarat ; si uero confirmat quis omnino
inutile, tum qui confirmat dat. Sic dissoluuntur ista iura contraria, ut
notatur ff. (!) de iur. om. iu. l. I. (4). [l. 1. C. 3, 13] et ar. ff. de testa.
l. heredes palam § quod uero aliquid obscurus, ad fi, [l. 21 § 1. D. 28, 1].
‖ . Tunc arguo : maritus uendit fundum Titianum de consensu mulieris,
25 supponitur ergo, quod [*non*]ualuisset uenditio, nisi consensus mulieris
interuenisset ; vnde ipsa mulier uidetur uendere confirmando uenditionem, que alias non ualuisset, sicut uidetur dare qui confirmat inutile ;
set si mulier uenderet, proximiores mariti non admitterentur. Ergo
nec (5) hic, ubi maritus uendidit illud, quod non ualeret sine consensu
30 mulieris. Pro hoc induco C. de ueteri iure enu. l. I § hec omnia [l. I § 14.
C. 1, 17] in aut. de defen. ci. § interim, ad fi., coll. IIJ [Coll. III, 2 c. 1
= Nov. 15] (‖) Ar. domini I·. Rizole.

(G) (6) Quod proximior mariti admittatur ad retrahendum, proba-

(1) *ut*] *ms.* ne.

(2) sententia doctorum] *Allusion à la controverse célèbre entre les Bulgaristes et les Gosia-*
nistes sur la propriété de la dot.

(3) determinatur] *Le tilde sur i manque.*

(4) ff (!) de iure. om. iu. l. I] *cf. Acc. glo.* iudicibus i. f. *ad* C. 1. C. 3, 13.

(5) nec] *add. interlin.*

(6) (G)] *Le copiste de notre ms. a dû prendre pour un G le signe de division formé d'une*
sorte de D majuscule renversé qu'il avait trouvé, tracé à l'encre noire, dans son exemplar.

1 tio. Sicut enim [*uxor*], si ma- [*fol.*195 *r*º 2] ritus alienaret rem dotalem
uxore irrequisita, prefertur omnibus etiam proximis mariti, sic filius
prefertur in successione patris omnibus collateralibus, aut. de her. que
ab inte. defe. § I. coll. IX [Coll. IX, 1. c. 1. ‖ Nov. 118]. Set ita est in
5 successione, quod, si filius remoueatur, collaterales admittuntur ; ergo
et in proposito, remota muliere, proximi mariti admittuntur. Set
mulier remouetur pro hoc, quod consensuit (!), ut apparet, quia dicit
questio, quod alienatio valet. Ergo admittuntur, ut inst. de bo. pos.
§ ult. [§ 12. I. 3, 9] et ff. de suc. edic. l. I § qui semel [l. un. § 6. D.
10 38, 9], de suis et le. her. l. I § si filius et § post filios, alias si suos et
l. IJ in prin. § ult. et p. [l. f § 4, §9; l. 2 pr. et § 6 sq. D. 38, 16], ff. ad
Tertull. l. I § si quis adita et l. IJ § Affricanus [l. 1 § 10; l. 2 § 8 i. f. D. 38,
17] cum multis similibus. ‖ . Jtem ad idem. Sicut mulier prefertur
in reuocatione rei dotalis alienate, ita vbi testator legat alicui ita,
15 quod non alienetur extra familiam, primo admittuntur qui sunt in
primo gradu familie, secundo sequens gradus. ‖ . Pone ergo : alienatur
extra familiam de consensu illorum, qui sunt in primo gradu familie,
et sic isti repelluntur propter suum consensum ; nunquid sequentes
admittantur ? Dicitur quod sic. Vnde dicit lex, quod illi de sequenti
20 gradu admittuntur. Ergo in proposito maritus uendidit rem dotalem;
in reuocatione prefertur mulier; illa mulier per suum consensum exclu-
ditur, quia consensijt (!) uenditioni; vnde admittuntur illi, qui alias
reuocarent, nisi esset mulier, et isti sunt proximiores mariti, ut ar. ff.
de le. IJ. peto § fratre et supra (!) cum pater § libertis [l. 69 § 3 ; l. 77
25 § 27. D. 31]. ‖ . Jtem ad idem. Parifico, quantum ad mulierem, uenditionem rei dotalis non esse factam uel esse factam ex causa concessa,
ut ff. de le. IJ l. peto § predium mulier [l. 69 § 1. D. 31]. Set maritus
fundum Titianum uendidit ex causa concessa, quia mulier concessit, et
hoc potuit, ut dicit questio. Ergo apparet, quod mulier non potest reuo-
30 care, cum perinde sit, quo ad ipsam, ac si nullo modo esset facta uenditio. Cum igitur maritus uendiderit rem suam et mulier non possit
reuocare, proximi mariti admittentur. ‖ . Alio modo potest induci § predium, et sic. Ista *paria* (1) : fundum Titianum non fuisse alienatum
et esse alienatum ex causa tamen necessaria. Set hic maritus alienauit
35 in uxorem illum fundum Titianum ex causa necessaria, scilicet quia
non habebat alias res bene uenales. Perinde est ergo, ac si nunquam
fundus Titianus fuisset alienatus. Set si maritus nunquam alienasset
in mulierem *et* (2) uenderet, proximi possent retrahere de consuetu-

(1) *paria*] *ms.* predia.
(2) *et*] *ms.* ut.

1 dine. Ergo et nunc. Ad boc induco [*fol.* 195 ⁰⁰ 1] ff. de le. IJ. l.
peto § predium [1. 69 § D. 31].

ǁ . Ad oppositum, quod non possunt proximi retrahere, sic probo.
Sicut proximi mariti admittuntur de consuetudine ad retrahendam
5 uenditionem factam a suo proximo, ita de iure aliquis prohibetur
assidere in sua prouincia vnde est. ǁ . Pone ergo : sum de ista prouincia;
postea ista efficitur tue prouincie : una citra pontem, alia ultra pontem;
queritur, nunquid ultra pontem potero assidere qui natus fui citra ?
Uidetur quod non, quia inspecto eo, quod fuit una prouincia. illa pars
10 ultra pontem fuit mea prouincia. Tamen lex dicit, quod inmo
potero assidere ultra pontem, quia modo non est mea prouincia, et sic
inspicitur causa accidentalis, scilicet quia facta est alia prouincia.
ǁ . A simili dico hic inspecto quod fundus Titianus fuit mariti, proximi sui possunt retrahere ; set inspecto quod per mutationem fuit
15 factus mulieris, non : etiam magis debet inspici causa accidentalis
quam originalis. Ad hoc induco ff. de assessor. l. si (de) eadem prouincia [l. 3. D. 1, 22] ff. de postul. l. I § bestias [l. 1 § 6, i. m. D. 3, 1].
ǁ . Jn ista questione uidetur distinguendum [s] et istam [*non*] credo
tenere. Aut iste fundus Titianus est apud maritum in dotem taliter, quod
20 non est spes, quod ab eo recedatur, set in perpetuo sit suum (!), et tunc
proximi mariti possunt reuocare seu retrahere, sicut si quamconque
rem aliam uendidisset, (et) qui (!) remansurus (!) erat in perpetuo
apud maritum. Aut non erat perpetuo remansurus, set usque ad
tempus dissoluti matrimonij, et tunc ante solutum matrimonium
25 proximi mariti possunt ita reuocare, quod haberent usque ad tempus
dissoluti matrimonij, set non post. Inmo reuertetur ad mulierem, nam,
cum ipsi reuocent tanquam proximi, non debent plus iuris habere,
quam haberet maritus ; et si maritus haberet, teneretur soluto matrimonio reddere (reddere) uxori uel heredibus eius. Ergo et in proposito
30 plus iuris non transferat in alium aliquis quam ipse habeat, ut ff. de
ac. re. do. l. traditio [l. 20. D. 41, 1] et de reg. i. l. in hijs § non debeo
[l. 135 (175) § fi.] et ar. ff. de le. IJ. l. peto § predium, ad ñ. [l. 69 § 1.
D. 31.] et ff. de pig. l. [*si*] ab eo [l. 18. D. 20, 1]. Vnde *ubi* (1) perpetuo
remansura est marito res illa dotalis, perinde est ac si esset sua et, si
35 uendat eam, proximi mariti poterunt eam retrahere. ǁ . Set vbi debet
reuerti alum (!), tunc non habetur ac si esset sua, ar. ff. de ie. IIJ.
l. qui habebat I. r. [l. 101 pr. D. 32], vnde debet res illa a marito recedere. Tunc quamdiu sua est, potest alienare et ultra non valet alienatio·
ǁ . Set tu querca, quomodo sciet, quod res dotalis debeat perpetuo

(1) *ubi*] *ms.* ibi.

1 remanere ? Respondeo per pactum coniugum uel per consuetudinem,
ar. ff. de iure dot. l. plerumque, in prin. uel (ui) in fi. l. [l. 10. D. 23, 3].
‖ . Si ego tenerem [*fol.* '95 *v°* 2], illam distinctionem, ego dicerem,
vbi fundus Titianus non erat perpetuo penes me remansurus, quod iste
5 proximior, qui retraheret, teneretur cauere de restituenda illa re mulieri
soluto matrimonio, ar. ff. de le. IJ l. peto. § fratre [l. 69 § 3. D. 31] et
C. de pet. her. l. I (!) in prin. cum possit scriptus heres etc. [l. 12 § 1, i.
m. C. 3, 3;] et ar. ff. ut le. no. ca. l. I § vlt. et l. II et III que incipit set
et ipsi(u)s [l. 1 § 20 : l. 2; l. 3. D. 36, 3]. Tamen istam distinctionem
10 non teneo, inmo dico, quod proximior non admittitur ex parte mariti
ad retrahendum, et per rationem responsionis apparebit, quod nec pro-
mixi mulieris admittantur. ‖ . Consuetudo que admittit proximiorem
ad retrahendum venditionem factam [*a*] proximo, uideamus quomodo
loquatur et que fuit ratio eam inducendi. Et certe ista fuit ratio propter
15 affectionem probabilem, quam quis habet ad rem illam habendam,
que fuit maiorum suorum, non ad rem de nouo quesitam. ‖ . Vnde
dico, quod consuetudo admittat proximum ad retrahendum id, quod
proximus uendidit de rebus que fuerint maiorum. Ali*as* (1) de quesitis sibi, quoniam in illis non faueant tum (!) (2) iura, ar. ff. de
20 min. l. si in emptione|*m*| [l. 35. D. 4, 4] et de rei uen. l. in fundo [l. 38.
D. 6, 1] et C. de admi. tu. l. lex que tutores, versus fi. [l. 22 § 7. C. 5,
37]. ‖ . Facit ad hanc distinctionem in consuetudine feudorum per
quos fiat. *inuesti* (3). et per quos. c. I § set et res cuius. coll. X [II F.
3 § 1]. ‖ . Et probo. Quoddam est feudum paternum, scilicet quod
25 prouenit a patre; quoddam nouum, scilicet quod aliquis de nouo
acquirit. In feudo paterno frater succedet fratri in nouo *secus* (4), et
fratri subuenitur magis et fauetur proximis in rebus que fuerint
maiorum quam in rebus proximi ipsi de nouo quesitis, ar. in aut. que fe.
da. pos. ti. § I ut fra. fi. (!?). coll. X [I, F. 1 § 3; II, F. 11]. ‖ . Jtem probo :
30 (quod) successio aui peruenit ad nepotes per filium; pone ergo, quod
filius dampnatur de crimine capitali et bona sua sunt publicanda;
quantum debeat iste sententia nocere filijs ? Dicitur : in illis, que filij
erant habituri a persona patris; vnde in bonis patris sibi preiudicat,
set in bonis, que proueniunt a maioribus, in illis non preiudicet. ‖ . A
35 simili dico, quod proximus (5) uendendo rem preiudicat suis proximis
in bonis que acquisiuit, [*s*] et [*in illis*] que acquisita sunt a maioribus.

(1) *Alias*] *ms.* alium.
(2) tum (!)] *add. interlin.*
(3) *inuesti.*] *ms.* in. nosti.
(4) *secus*] *ms.* sic.
(5) proximus] *ms.* proximis.

1 non, inmo illa retrahe[n]t. Pro hoc induco ff. de inter. et re. l. IIJ, ad fi.
[l. 3 i. f. D. 48, 22]. ‖ . Tunc arguo : maritus hic uendit rem de nouo
sibi quesitam, ergo proximi sui non retrahent eam. Et quod sit de
nouo quesita, probo. Certum est, quod iste fundus fuit mariti; maritus
5 dedit in reconpensationem uxori pro rebus dotalibus, et sic maritus fingitur istum fundum mulieri tradidisse et illum sibi reddidisse in dotem,
ar. ff. de don. inter uirum et ux. [fol. 196 r° 1] l. IIJ § ult. [l. 3 § 13.
D. 24, 1]. Preterea et si quis dicat possessionem non esse traditam,
dico tum, quod solo pacto efficitur dotalis, ut ff. de iure dot. l. ita con-
10 stante et. l. sequenti et l. sciendum (1) [l. 26 sq. D. 23, 3.]. ‖ . Jtem eo
ipso [quod] constituit se habere illum nomine dotis, transfertur ad
mulierem, ut dicitur de usufructu ff. de don. causa mor. l. senatus
[l. 35. D.39, 6]. Si sit ita, ergo desinit esse dominus ex causa maiorum
et incipit ex causa (dotis) noua, scilicet ex causa dotis, et sic est sibi
15 ex nouo quodam modo acquisita, quod potest. ut probatur C. de
contra. emp. l. cum res [l. 4. C. 4, 38], vbi dicitur, si quis desinit esse
dominus ex prima, potest esse ex secunda. Et ideo proximi non debent
eam retrahere, etiam si ad ipsum reuertatur. Quod ita sit, quod licet
processerit a maioribus, ex quo tamen transit ad alium, quod non
20 censeatur maior[um], probatur. ‖ . Dicit lex, si testator rogat filiam
sic : « rogo te ut, si tu sine liberis decedas, totum quidquid ad te perue-
net (!) ex bonis patris restituas fratri; si cum liberis, restituas (restituas)
partem eius, quod ex bonis patris tibi peruenerit». ‖ . Pone ergo : pater
de bonis suis dederat dotem [uel] promiserat ; nunquid huius pars erit
25 restituenda ? Dicitur, quod non conputatur in restitutione facienda,
set censetur alia quam res que processit ex bonis patris. Ergo et in
proposito, licet fundus Titianus fuerit maiorum, ex quo uero (2) semel
exiuit et transiuit ad alium, censetur non maiorum, set res de nouo
quesita. Et probatur ff. ad Tre. l. a filia, in prin. [l. 64 (62) § . D. 36, 1],
30 ad hoc C. de reuo. hiis que in frau. cre. l. [si] successione [l. 2. C. 7, 75]
et ff. qui mo. pi. uel y. sol. l. Lucius [l. 6. D. 20, 6] et uidetur probari
de inpo. lu. descrip. l. una § si uero (‖) uel socer (3) [l. un. § 4 (1) C. 10,
36 (35)] vbi dicitur, quod solebat debere [pro] alienato ex titulo lucratiuo IIIJ siliquas curie, si tamen semel cum sit nomen curiale (!?), ut quia
35 detur in dotem personis ibi enumeratis uel non lucratiuo titulo alienetur quantumconque deducatur ad titulum lucratiuum, non tenetur
ad siliquas. Tamen illa lex in sui fine uidetur dicere contrarium, quia

---

(1) L. sciendum] D. 23, 3. ne contient pas de loi sciendum. Serait-ce la célèbre loi 30. D.
de ver. ob. qui serait visée ici ?

(2) uero] ms. non.

(3) socer] ms. secus.

1 dicit, si reuertetur ad curialem et si curialis de nouo acquireret, censetur iure curialium. Ad hoc etiam ff. depos. l. plane [l. 3. D. 16, 3].
Vnde licet reuertatur ad maritum, censetur res noua et non maiorum,
quia incipit habere ex noua causa, ar. ff. de her. in. l. seruus alienus.
5 §. qui fidei conmissa(ria)m [l. 3 § 3. D. 28, 5] et glosa uidetur notare
satis consimilem questionem comunia de le. C. l. I [l. 1. C. 6, 43.] (1).
‖ . Ad argumentum in contrarium respondeo. Quod dicit maritus est
dominus rei dotalis, concedo. Quod ultra, quod proximior ergo potest
de consuetudine me retrahere, dico falsum est, quia res est nouiter
10 quesita et consuetudo tantum habet locum in rebus maiorum [*fol.*
196 *r°* 2], ut supra probaui, et ita pridie fuit iudicatum in curia regis
Francie. ‖ . Determinatio facta a domino Hermano de Blistam anno
quo supra, in principio domini Jo. dicti Rizole.

   ‖ . Opponitur contra me : sicut in auo (!?) maiorum admittuntur
15 proximi ad res de nouo quesitas, — non admittuntur secundum
[*quod*] dixi — ita restitutio dotis habet certa tempora intra que
debet reddi, ut C. de rei uxor. l. una § cum autem [l. un. § 7. C.
5, 13]. Jtem sic non licet restituende dotis profectam condicionem
facere dereri[o]rem ff. de pac. do. l. de die et l. Attillicinus
20 [l. 14 ; l. 17. D. 23, 4]. ‖ . Set lex dicit : cum antiquitus deberet
reddi dos annua, bina, trina die, conuenit (2) maritus, quod eam
redderet *citius* (3) et pactum valet, quia facit condicionem dotis
meliorem. ‖ . Set pone postea mulier paciscitur, per quem (!) reddatur
25 annua, bina, trima die; nunquid valet? Uidetur quod *sic* (4), quia
[*non*] facit condicionem dotis deteriorem, set redditur per pactum
pristine nature. ‖ . A simili dico hic, licet res, que fuerit maiorum, fuerit
alienata in mulierem, ex quo reuertitur ad maritum, censetur (contra)
primo iure et redit in pristina natura, ut ff. de pactis l. si unus § pactus
ne peteret [l. 27 § 2 i. f. D. 2, 14]. ‖ . Solutio. Ibi per primum pactum
30 dos (nec) sua natura non fuit sublata et ideo non est mirum, si per
secundum pactum reducatur ad pristinam naturam. Set per mutationem fuit sublatum nomen et ius maiorum in re illa et ideo, licet
reuertatur ad *maritum* (5), quia tamen alio modo, quam tum primo,
ut dotalis se habet. Et dico [*non*] reuertitur in nomen maiorum, quia
35 illud nomen semel amissum est, et sic soluo solutionem ff. de li. et pos.

(1) *Dans les Acc. glo. accompagnant ce texte on ne trouve rien qui puisse être rapproché de
la question discutée dans le texte. La citation est sans doute erronée.*

(2) conuenit] *corr. interl.; conseuerat script. prim. (expunctis litteris).*

(3) *citius*] *ms.* c'' (= cuius).

(4) *sic*] *ms.* non.

(5) *maritum*] *ms.* mandatum.

1 l. filio quem [l. 23. D. 28, 2], quia ibi durabat ius naturale. ‖ . Et eodem
modo respondeo ff. qui. mo. pi. uel y. sol. l. uoluntate § ult. [l. 10. i. f.
D. 20, 6], et quia ibi intelligebatur condicio si uendero cum effectu,
alias, si totum nomen esset sublatum, non recupera[re]tur, ut ar. ff.
5 de pactis. l. si unus § pactum (!) [l. 27 § 2. D. 2, 14], de sol. l. si (!) res
§ aream [l. 98 § 8. D. 46, 3]. ‖ . Secundo opponitur. Inmo ostendo,
quod durante matrimonio proximior mariti posset subtrahere (!) : nam
censetur sua interim ita, quod mulieris persona non inspicitur, et
ideo, licet dolus posset obici mulieri, si tamen dedit in dotem et
10 maritus petat, si queras utrum dolus uxoris noceat, dicit lex aut
statim debet restitui dos mulieri et tunc nocet dolus marito, alias non,
quia ex iure suo utitur; ergo et hic. ff. de do. ex. l. apud Celsum § item
Julianu (!) (1) [l. 4 § 22. D. 44, 4]. Solutio : uerum contulit, si esset
maiorum ; set dico, quod est nouiter quesitum. ‖ . Tertio oppositum
15 fuit. Dixi. quod fundus Titianus, [qui] debuit dari in reconpensationem,
factus fuit dotalis. Contra : [fol. 196 vo 1] illud non apparet ex
verbis questionis, nam uerba questionis sunt : «tu(m) habebis (2) in
conpensationem », non dicit : « scilicet ». Vnde iste uerba possunt
intelligi sic : « uxor promittas, quod res tue dotales uendantur, et tu
20 habebis in reconpensationem fundum Titianum, scilicet quando
matrimonium dissolueter inter me et te, » et tunc non fit statim dotalis, inmo remaneret mariti. ‖ . Jtem potest intelligi de pignoribus et
quasi dicat : «tu habebis in pignus». ar. ff. de le. IIJ l. qui habebat,
in prin. [l. 101. D. 32], vnde remaneret fundus mariti et sic proximior
25 posset retrahere. ‖ . Nec obstat, quod posset dici : quare ergo reperitur consensus mulieris, (ar. C. quia idem sine causa). ‖ . Dico, quod
ad remissionem pignoris prodest consensus mulieris. ar. C. ad Uell.
l. iubemus aut. ibi signata que incipit siue [ad l. 21. C. 4, 29]. Vnde
non uidetur (facta) ex uerbis, quod statim facta fuerit huiusmodi res
30 dotalis, ymomagis uidetur contra, cum sint uerba futuri temporis, ar.
ff. ad Tertull. l. 1 § si quis adita hereditate [l. 1 § 10. D. 38, 17], ff. de
l. IJ. l si ita scripseris (!) [l. 46. D. 31]; vnde cum uerbum non possit
ita sumi, non uidetur fieri *dotalis* (3), ut ff. de ver si. l. herede (!)
[l. 65 ? l. 170?] ‖ . Respondeo : inmo facta fuit dotalis, quia alias
35 fieret condicio deterior, quod esse non debet ff. de pac. do. l. de die
et l. Attillicinus [l. 14. l. 17. D. 23, 4]. ‖ . Non obstat, quod dicitur :

(1) *La distinction qui vient d'être énoncée ne se trouve pas dans la loi alléguée. Elle consti-*
tue sans doute une tentative d'explication de l'antinomie apparente entre le § 21 et le § 22 de
la loi 4 D. cit. Cf. Acc. glo. obstare in § 22 cit.
(2) habebis] *ms.* habebit.
(3) *dotalis*] *ms.* dolus.

1 «habebis (1) in conpe*n*sationem (2)», quia istud non refertur ad futurum tempus, inmo habet determinationem per hoc, quod dicit « in
conpensationem », quia res dotales uendidit. Jtem et transfertur :
« debet fieri conpensatio». ‖ . Jtem alio modo. [*Non*] est uerisimile, quod
5 soluat plus quam debeat. Mulier ⸰on tenebatur consentire in uendi-
tione rerum dotalium, nisi cum sibi traditur fundus in conpensationem,
ut ar. ff. de ac. emp. et uen. l. Iulianus § offerri [l. 13 § 8, D. 19, 1]
et de edil. e. l. ediles etiam §. f. [l. 25 § 10. D. 21, 1], ar. ff. loca. et
con. l. si uno anno, in prin. [l. 15 § 4. D. 19, 2], ff. de usur. l. si (ita)
10 stipulatus [l. 4. D. 22, 1]. ‖ . Jtem ista verba sic possunt intelligi : «tu
habebis soluto matrimonio », vnde futurum tempus refertur ad res-
titutionem, non ad dationem ‖ . Jtem *non* (3) potest sumi hoc uerbum
« habebit pro pignore», quia ista conuentio nichil operatur, quia et si
expressa conuentione omnia bona mariti sunt pro dote obligata (4)
15 C. de priuil. fis. l. quod (!) uis [l. 2. C. 7, 73] qui po. in py. ha. l.
assiduus (!) [l. 12 C. 8, 17 (18)]. ‖ . Jtem alia ratione, quia tum, si esset
obligatus fundus, iam deterior fieret condicio, quod esse non debet,
ff. de pac. do. l. de die [l. 14. D. 23, 4]. Set alias dicitur, quod inmo
ob causam fauorabilem, ut est hic uel ad soluendam dotem filie, ar.
20 C. comunia de le. aut. [*res*] que [*subiacent*] restitutioni [ad l. 3, § 3.
D. 6, 43]. Determinatio domini Hermani.

B. FRAGMENT D'UNE REPETITIO SUR LA 24. DE NEG. G. 3, 5.

[*fol.* 215 *r° col.* 1] (5) Juxta hoc quarto quero et glosa querit : trado
tui gestori et uterque gerit, quod tibi queratur; apud quem medio
tempore est ? Dicendum : non est apud te, donec ratum habeas (6),
25 ut hic dicitur; Jtem apud gestorem non, quia noluit; apud me non,
quia transferre uolui et a me abdicaui; vnde licet alij non queratur,
ego tamen (non) amitto, ar. ff. de ac. pos. quod meo § si (a) furioso
[l. 18 § 1. D. 41, 2]. Ita tenet glosa hic et jnfra de ac. po. si quis ui
§ differentia [Acc. glo. *suam facere* in l. 24. D. 3, 5; Acc. glo. *si quis*
30 *igitur* in l. 17 D. 41, 2]. Contrarium notat jnfra de solu. qui hominem
§ si debitorem (7) [Acc. glo. *michi dedisset* in l. 34 § 7. D. 46, 3].

(1) habebis] *ms.* habebit.
(2) conpensationem] *ms.* conparationem.
(3) *non*] *ms.* vero.
(4) obligata] *Il faut supposer ici une lacune due probablement à un homoioteleuton.*
(5) *Entre le fol. 214 et le fol. 215 on aperçoit les lambeaux de trois feuillets arrachés.*
(6) habeas] *ms.* habeat.
(7) contrarium notat jnfra de solu. qui hominem § si debitorem] *Ce n'est pas exact, la*

1 Et caue, quia idem esset in possessione, **quando erratur iure**, ar. jnfra
de ac. pos. si me in uacuam [l. 34. D. 41, 2] (jnfra). Sic intelligo jnfra
de don. inter uir. et ux. § I. [l.? § 1. D. 24,].

Questio. ‖ Juxta hoc Vᵒ quero et aduerte. ista questio est difficilis
5 **et notabilis.** Negotiorum gestori(1) rem tradidi. gerens. quod tibi
quereretur (priusquam ratum haberes, alij uendidi gerens ego et ipse
quod tibi dominium acquiratur); priusquam tu ratum habeas, res
ista peruenit ad me; ego uendo cuidam Sempronio et trado: tu postea
ratum habes; quis est potior an tu an Sempronius ? Uidetur quod
10 Sempronius. Scitis ubi res aliqua est uendita duobus, ille. qui missus
est in possessionem, est potior in dominio. Ergo in proposito, vbi
trado negotiorum gestori, dominium penes me remansit, vnde postea
vendendo et tradendo dominium transtuli tanquam dominus, jnfra
de ac. re. do. l. traditio [l. 20. D. 41, 1], ar. C. de rei uen. l. quotiens
15 [l. 15. C. 3, 32]. Ad idem : sicut vbi traditur gestori negotiorum
nomine tuo dominium [queritur] ratihabitione secuta, sic bonorum
possessio nomine meo agnita michi queritur ratihabitione secuta.
alias non. Pone ergo : bonorum possessionem michi delatam nomine
meo agnouisti, postea ratum habui; nunquid michi queritur ? Dis-
20 tinguitur : aut re integra, puta jnfra tempus bonorum possessionis
petende, ratum habui, tunc michi queritur mea ratihabitione; aut
ratum habeo re facta non integra, puta elapsis diebus bonorum
possessionis petende, et tunc ratihabitio mea nichil facit. E . Sic
uidetur in proposito, quod tu, quam diu res est integra, possis tibi rem
25 querere ratum habendo; set hic, postquam penitui et uendidi, res
est effecta non integra, ratum habere non potes, ar. jnfra de bo. pos.
l. (pen)ult. [l. 16. D. 37, 1]. Illa iura multum iaciunt et multum me
mouent. ‖ . Dominus Ja. dicit oppositum. Si non intellexistis thema,
non intellexistis alia. Dicit ergo dominus Ja. te creditorem ratum
30 habentem esse preferendum. Quantum operatur mandatum precedens,
tantum operatur ratihabitio subsequens; set si mandatum processis-
set, tibi ab initio dominium quesitum fuisset; ergo ratihabitione secuta
idem erit, ut ista ratihabitio mandato conparetur et retrotrahatur
et fingat dominium a principio esse quesitum. Igitur in proposito,
35 si librum tuo gestori tradi- [fol. 215 rº 2] dero tuum negotium gerendo
et tibi soluendo et tu postea quandoconque ratum habeas ab illo

Acc. glo. michi dedisset ne contredisant nullement les gloses précitées. Il faut, sans doute,
supposer une erreur du reportator. L'auteur de la repetitio avait dit selon toutes les vraisem-
blances : contrarium notatur infra de solu. cum quis § si debitorem [l. 38]. *Cf. Acc. glo.*
debitoris ad h. l. qui tente d'ailleurs d'expliquer cette antinomie.

(1) gestori] *ms.* gestorum.

6

1 tempore, uidetur tibi quesitus liber qui gestorj fuit traditus, ut sic
tu eris potior quam Sempronius, ar. C. ad Mac. l. ult. [l. 7. C. 4, 28]
ff. de reg. i. l. deiecit [l. 194 § 2 (152)]. ‖. Ad idem : uendidi seruum
tibi hoc pacto ne in Ytalia moraretur; tu secundo uendidisti hoc pacto
5 ut moraretur; nunquid, si moretur, licitum erit michi manum inferre?
Dico quod sic, nam ius michi quesitum per factum tuum non potuisti
afferre. Sic in proposito, nam per traditionem cum animo tibi fuit
ius quesitum, quod posses ratum habere etiam me inuito, ut dicit
lex ista. Vnde sine facto tuo a te euelli non potuit, ff. de seruis expor.
10 l. (si) Titius [l. 9. D. 18, 7.], jnfra de reg. i. l. id quod nostrum [l. 11].
‖. Respondeo ad iura contraria : Si uendo Titio, deinde Sempronio
uendo et trado, Sempronius est potior. Solutio : concedo, quod in
rei veritate Sempronio fuerit dominium quesitum, set inspecta fictione, quam facit ratihabitio, que retrahitur, uidetur dominium retro
15 quesitum. ‖. Ad alia iura jnfra de bo. pos. l. ult. [l. 16. D. 37, 1] et
infra rem. ra. ha. l. p. [l. 25. D. 46, 8] scitis, quod certa sunt statuta
tempora ad bonorum possessionem agnoscendam C. qui ad bo. pos.
l. emancipati (!) [l. 4. C. 6, 9]. Vnde (vr) bonorum posessio est tibi
delata; si eam tempore debito non agnoscis, facto tuo et tua negligen-
20 tia ius tuum amittis. Vnde si alius eam agnouerit nomine tuo et tu ante
tempus ratum non habueris, negligentia tua exclusus es. Set ex parte
ista secus, nam, si tradidero tuo gestori, tibi ius quesitum est. Postea
uendo et trado: hic non queritur de negligentia tua, set de facto meo,
quod tibi nocere non debet. Set in contrario ratione proprii facti et
25 negligentie precluditur sibi tempus. ‖. Dico ergo in proposito, quod
de ratum habente tibi queritur dominium, alioquin sequeretur, quod
priuatus priuaret de iure suo, quod esset absurdum. Rati ergo
habitione secuta fingitur dominium fuisse creditoris a tempore solu-
tionis, et quod medio tempore factum est a tradente domino in preiu-
30 dicium tui creditoris non ualet. Et do tibi simile : testator cuidam
fundum sub condicione legauit et ita dominium pendente condicione
penes eum remansit; heres alij uendidit et tradidit; deinde extitit
condicio; nunquid dominium acquiritur legatario et erit potior ?
Certe sic, quia factum heredis non preiudicat sibi, nam factum here-
35 dis factum defuncti non tollit. Sic in proposito, ar. jnfra de le. I. seruo
§ I [l. 69 § 1. D. 30]. ‖. Ad istam posset responderi, quod est speciale
in ultimis uoluntatibus, et hec uera sunt de dominio, quia in eo erit
potior creditor, qui ratum habet.

    [fol. 215 v°1]. ‖. Set quero v° (1) iuxta hoc : quid erit de possessione?

____

(1) *VI°*] *ms.* Vij°

1 Verbi gratia trado negotiorum gestori (1) gerens uterque, ut tibi possessio acquiratur. Tibi non acquiritur, quousque ratum habueris. Primo
quero : penes quem possessio est medio tempore? Uidetur, quod per.es
me non remanet, nam iura dicunt. quod, si trado alicui. ut possessio-
5 nem transferam, licet non transferatur, tamen possessionem amitto.
Vnde si trado rem furioso, licet sibi furiosus possessionem non querat,
quia non habet animum, tamen ego possessionem amitto. Ergo in proposito, si trado gestori, ut tibi queratur possessio, licet tibi non queratur,
ego tamen amitto eam, jnfra de ac. pos. quod meo §. si furioso [l. 18 § 1.
10 D. 41, 2]. ‖ . Ad oppositum. Illi datur interdictum vnde vi, qui tempore violentie possidebat ; pone ergo : fundum tibi loco et dico tibi :
« vadas. colonus te recipiet » ; colonus eum repellit ; cui datur vnde vi ?
Lex dicit quod michi. Ergo idem in proposito, jnfra de vi et vi ar. cum
fundum [l. 18. D. 43, 16]. Quid dicemus ? ‖ . Breuiter distinguo :
15 aut ego tradens animum amittendi possessionem habui. verbi gratia
tuo gestori negotiorum uolens possessionem in te transferre. credens
eum habere mandatum. rem tradidi, in casu isto. licet tibi possessio
non queratur, eam tamen amitto, et sic intelligo § si furioso [l. 18
§ 1. D. 41, 2] ; aut non habeo animum possessionis amittendi. ut
20 quia trado Titio tuo gestori negotiorum sciens eum non habere mandatum, tunc, aut est res mobilis, et tunc amitto in continenti possessionem, nam talium rerum, etiam si apud nos sint, frequenter possessionem amittimus ; si uero inmobilis uel (2) sit, eius possessionem retineo,
jnfra de ac. pos. l. IIJ § scilicet Nerua filius [l. 3 § 13. D. 41, 2].
25   Questio. ‖ . Juxta hoc VIJ° quero retento eodem themate : librum
tuo gestori tradidi uolens in te transferre possessionem ; ante ratihabitionem tibi non est possessio acquisita. ‖ . Pone ergo *gestor* (3) medio tempore deicitur de possessione ; modo queritur nunquid tibi
postea ratum hebendi detur vnde vi interdictum? Uidetur quod non,
30 nam vnde vi interdictum ei datur, qui tempore deiectiones possidebat ;
tu nondum ratum habuisti, ergo nondum possidebas ; ergo etc. Tibi
ergo non datur, quia possessionem non amisisti, quam nunquam
habuisti, ff. de vi et vi ar. l. I § vnde vi (!) [l. 1 § 26 D. 43, 16].
‖ . Dico contrarium et hoc dicit dominus Ja. Tu dices michi : « vos
35 dicitis contra casum legis ». Et ego dicam tibi « Dieus vous doint bon
jour ». Prout in superioribus tetigi, tantum operatur ratihabitio
subsequens, quantum operatur mandatum precedens ; si mandasses,

---

(1) gestori] *après ce mot, le ms. accuse un blanc de 4 ctm.*
(2) uel] *Faut-il corriger ce mot en : res ?*
(3) gestor] *ms.* testator.

1 tibi fuisset possessio quesita et sic per consequens interdictum ; ergo
  in ratihabitione idem que mandato conparatur et retrotrahitur,
  C. ad Maced. l. ult. [l. 7. D. 4. 28] jnfra de reg. i. l. deiecit [l. 192 § 2
  (152)]. Respondeo : [*fol.* 215 *v°* 2] interdictum vnde vi non datur nisi
5 possidenti tempore deiectionis, iste non possidet, ergo etc. ‖ . Solutio.
  Dico rei ueritate inspecta non possidebat, set inspecta fictione, que
  facit ratihabitionem retrotrahi, ipse possidebat, vnde per tui ratihabitionem perinde habetur ac si semper possedisses, et omnia iura tibi
  conpetunt, que propter possessionem habuisses, et hoc facit ratiha-
10 bitio, ar. legis C. ad Mac. l. ult. [l. 7. C. 4, 28]. ‖ . In isto casu opposuit
  magister Guido de Caritate, qui tunc erat bacalarius. Ostendo uobis,
  dixit ipse, quod ista ratihabitio non poterit facere, quod isti queratur
  interdictum vnde vi, et arguit sic. Quemadmodum ratihabitio mandato conparatur et retrotrahitur et fingit omnia perinde haberi ac si
15 cum mandato essent facta, ita postliminium fingit captum semper
  in ciuitate et libertate fuisse et habet oculos retro. ‖ . Jtem quemadmodum interdictum vnde vi sine possessione non habetur, ita usu-
  capio sine possessione non procedit. Pone ergo : aliquis, qui rem cepe-
  rat usucapere, captus fuit ab hostibus; postea reuersus est; si fuisset
20 presens, usucapionem conpleuisset; nunquid ergo modo fictione post-
  liminij habetur res pro usucapta, ac si semper possedisset? Lex dicit
  quod non, quia circa possessionem nichil potest postliminium. Ergo
  et in proposito ista ratihabitio non faciet, quod isti queratur interdictum vnde vi, tanquam si possedisset, quia sic fingeret circa posses-
25 sionem, in qua possessione acquirenda non prodest fictio, set est necessaria corporalis apprehensio, ut patet ex diffinitione possessionis.
  Pro hoc lex dicit ff. qui ex ma. l. denique [l. 19. D. 4, 6]. Responsit (1)
  dominus : postliminium est ius vnde circa ea, que iuris sunt, fingit
  tantum ; vnde circa possessionem, que plurimum habet facti, nichil
30 potest fingere, ut innuitur in dicta lege denique [l. 19 cit.]; set ratihabitio factum est, vnde ratihabitio facti est et hoc ius in se; vnde
  fingit circa utrumque et circa ea que iuris sunt et circa ea que facti
  sunt, ut probatur expresse in lege allegata ff. de reg. i. l. deiecit [l.
  192 § 2 (152)], ad Mac C. l. ult. [l. 7. C. 4, 28.].
35 ‖ . Viij° quero de alio Martino. Lex ista dicit, quod, si trado rem tuo
  gestori negotiorum, res aliqua tibi queritur postea ratihabitione et
  tunc gestor incipit tibi teneri actione negotiorum gestorum. Quero
  vnde nascatur actio negotiorum gestorum, utrum ex gestione precedente an ex ratihabitione secuta. Dicit glosa, quod nascitur ex ratiha-

(1) Responsit] *ms.* R.

1 bitione secuta. Dicit glosa secus in actione pro socio et tutele et rerum
permutatione C. de re. per. l. ex placito [l. 3. C. 4, 64]. Ita notat glosa
supra e. si pupilli § idem ait [Acc. glo. *negotiorum gestorum* in l. 6 § 10
(l. 5 § 12). D. 3, 5], glosam nec legem nec decretalem nec decretum
5 allegat. [*fol.* 2'6 *r*º 1]. Credo, quod glosa mouetur propter hoc : quod
facit mandatum precedens, illud facit ratihabitio subsequens; set
mandato precedente tenetur ut ex gestione, ergo et hic tenebitur ex ratihabitione non ex gestione. I[s]ta ratio concludit, quod ratihabitione
secuta agatur mandati, et hoc est falsum indubitanter, ut hic et supra
10 e. Pomponius. [l. 9 (8). D. 3, 5]. ‖ . Dominus Ja. dicit contrarium,
quod inmo ex gestione oritur et ego teneo. Planum est, quod ignorans
ratum habere non potest, et tamen ignorans hac actione scilicet negotiorum gestorum tenetur. Ergo actio negotiorum gestorum oritur ex
gestione, non ex ratihabitione insti. de ob. ex quasi contrac. § I [§ 1.
15 I.3,27]. ‖ . Tu posses respondere et dicere, quod ibi loquatur de negotio,
quod est alicuius re ipsa uel ipso gestu, hic autem in lege nostra
loquimur de negotio quod est alicuius ratihabitione. Credo tamen
indistincte, quod actio negotiorum gestorum ex gestione non ratihabitione nascatur, supra e. l. iij § hec autem actio [l. 3 § 7. D. 3, 5]
20 vbi dicitur ex ipso gestu. ‖ . Responde ad argumentum : tantum operatur ratihabitio etc., set mandatum precedens operatur, ut actio
nascatur, ergo, etc. Respondeo : tantum operatur ratihabitio quantum
mandatum, verum est suo modo. Nam sicut mandatum facit teneri
eum, qui gessit, sic ratihabitio : diuersimode tamen, quia ratihabitio
25 facit teneri eum de gestione, sine qua gestione non teneretur, etiam
si millesies ratihabitio interueniret, et nota nostra facit eum teneri ex
mandato et mandati actione. Et est ratio, quia mandatum de se efficax
est ad obligandum, etiam si non gerat. Secus in ratihabitione, que non
facit quem obligari, nisi precedat gestio, vnde tunc obligatur ex
30 gestione propter ratihabitionem secutam, ut uides alibi C. de re per.
l. ex placito [l.3. C. 4, 64] Repetitio (1) Hermani de Blistam Teutonici.

(1) Repetitio] *ms.* Ro.

ERRATA

P. 3, l. 9. Au lieu de *alias* do lisez *alias* de.

P. 10, l. 10. Au lieu de *contre* lisez *contra*.

P. 10, note, l. 8. Au lieu de *seil* lisez *scil*.

P. 15, l. 8. Au lieu de de *facto* lisez *de facto*.

P. 15, note 34, l. 2. Au lieu de si no uit lisez si non nouit.

P. 17. l. 8. Supprimez la virgule après l'art.

P. 21, note 51, ligne 4. Au lieu de C 2, 12 lisez C. 2, 12.

P. 21, note 51, dernière ligne. Au lieu de peut être lisez peut-être.

P. 22, note 55, dernière ligne. Remplacez le point après emerserit par une virgule. — J'aurais dû aussi citer les coutumes de Montpellier avant 1204, art. 7 et av. 1223 rubr. *de aduocatis* auxquelles je renvoie dans la *Rev. gén. du droit* XXXII (1908), p. 155, note 1.

P. 25, l. 7. Au lieu de toute lisez tout.

P. 25, l. 10. Au lieu de *literalium* lisez *liberalium*.

P. 26. l. 11 de la note 63. Mettez une virgule après *difficultatis*.

P. 28, l. 13. Au lieu de *respondes* lisez *responde*.

P. 29, l. 5 d'en bas (du texte). Supprimez les deux points avant ar.

P. 29, dernière ligne (du texte). Lisez rim. h.

P. 30, l. 9. Supprimez le point après fit.

P. 30, l. 24. Mettez une virgule devant unde.

P. 30. note 72. La fin de cette note doit être lue ainsi : J'essaierai élucider ailleurs cette question.

P. 35, l. 4. Au lieu de servitio lisez seruitio.

P. 35, l. 8. Au lieu de ciulem lisez ciuilem.

P. 35. l. 19. Mettez une virgule après hic.

P.   l. 33. Mettez un point après adopti.

P. 37, note 2, l. 2. Au lieu de *ligne* 10 lisez *ligne* 32.

P. 39, l. 23. Remplacez le point devant ff par une virgule.

P. 40, l. 22. Supprimez le point après una.

P. 42. l. 12. Au lieu de dilicto lisez delicto.

P. 42, l. 23. Après iusta suppléez [de].

P. 43, note 1. Le passage de Placentin qui est visé dans cette note se trouve dans la S. C. *de iur. et fact. ignor.*, éd. Mayence 1536, p. 25 sq.

P. 44, l. 7. Supprimez la virgule après causa.

P. 44, l. 22. Au lieu de ut l lisez ut C.

P. 44. note 1. Au lieu de *abréqé* lisez *abrégé*.

P. 46. l. 35. Si étant superflu, doit être mis entre parenthèses.

P. 48. l. 16. Au lieu de omni lisez omnium.

P. 49, l. 9. Au lieu de ratio nec iuili[s] lisez ratione ciuili[s].

P. 51. Rectifiez les appels des quatre dernières notes.

P. 54. l. 6. Supprimez la virgule après quod.

P. 54, l. 16. Au lieu de quod lisez *quod*.

P. 55, l. 27. Supprimez le point terminant la ligne; sa place est à la fin de la ligne 5.

P. 56, l. 22 et 23. Les caractères terminant ces lignes ont permuté de place entre eux.

P. 60, l. 33. Au lieu de mutuait lisez mutauit.

P. 61, note 1, l. 2. Au lieu de *le scribe* lisez *l'orateur*.

P. 62, l. 5. Au lieu de tenetur lisez teneretur.

P. 63, l. 2. Supprimez le point après est.

P. 65. l. 23. Au lieu de || lisez §.

P. 69. l. 11. Au lieu de = lisez ||.

P. 70, l. 19. Au lieu de pullum lisez nullum.

P. 70, l. 24. Mettez un point après etc.

P. 72, début de la note. Au lieu de etiam lisez (etiam).

P. 73, l. 14. Au lieu de [ad]mittit[ur] lisez a[d]mittit[ur].

P. 74, l. 4. Au lieu de || lisez =.

P. 76, l. 23. Supprimez le point suivant l'appel de la note (3).

P. 76, l. 36. Supprimez le point terminant la ligne.

P. 78, l. 19. Au lieu de dereriorem lisez deteriorem.

P. 80, l. 25. Au lieu de Jtem lisez jtem.

P. 81. l. 1. Au lieu de iure lisez in re.

P. 81, l. 3. Lisez D. 24, 1.

P. 81 l. 16. Mettez une virgule après tuo.

P. 82, l. 30. Mettez une virgule après tui et après creditoris.

P. 83, l. 29. Au lieu de hebendi lisez habendi.

P. 83, note 2. La correction est certaine, le mot *res* écrit avec une s longue (droite) pouvant être lu par un copiste distrait *uel*.

P. 84, l. 2. Mettez une virgule après idem.

P. 85, l. 8. Au lieu de J [s] ta lisez *J* [*s*] ta.

MONTPELLIER. — IMPRIMERIE GÉNÉRALE DU MIDI.